K 000633

Jean-Bertrand Aristide
Laßt mich meine Geschichte erzählen

D1867820

Vri

Jean-Bertrand Aristide

Laßt mich meine Geschichte erzählen

Bericht aus Haiti

Mit einem Vorwort von Jean Ziegler

EDITION EXODUS
Luzern 1992

Amerikanische Originalausgabe:
In the Parish of the Poor: Writings from Haiti;
translated and edited by Amy Wilentz
New York 1990

Aus dem Englischen übersetzt von den Immenseer Missionaren
Koordination: P. Ruedi Schmidlin

Redaktion: Odilo Noti

Alle Rechte vorbehalten:
© Orbis Books 1990

Für die deutsche Ausgabe:
© Genossenschaft Edition Exodus, Luzern 1992
Fotokopieren nicht gestattet

Umschlag: Bernard Schlup (Gestaltung)/
Laboratorium für Gestaltung, Bern (Satz)

Druck: Fuldaer Verlagsanstalt, Fulda

ISBN 3-905575-65-5

Inhalt

Titid – ein Christ

Vorwort von Jean Ziegler

Der schmächtige Priester mit den dunklen, brennenden Augen hinter den breiten, randlosen Brillengläsern wurde am 15. Juli 1953 in Haiti geboren. Lange Jahre war er Vikar, dann Pfarrer in der Gemeinde *St. Jean-Bosco*. Die schmucklose Kirche mit den weit offenen Fenstern und den ächzenden Ventilatoren steht an der äußersten Grenze von *La Saline*, dem größten Slum der haitianischen Hauptstadt Port-au-Prince. Das riesige Elendsquartier, wo sich Bretterhütten, Kanister-Unterstände und Unterkünfte aus Karton den Latrinenkanälen entlang quälen, wo Kinder mit Schweinen im Dreck spielen und Tag und Nacht ein Gedränge von vielen Tausenden ausgemergelter, halbverhungerter Frauen und arbeitsloser, trauriger Männer herrscht, reicht vom Strand der karibischen See bis hin zur Grande-Rue. Der kleine, brandschwarze Mann, dessen wortgewaltige, von volksnaher Intelligenz und pädagogischer Kraft überbordende Predigten einem gequälten Volk über Jahre hinweg Hoffnung und Wille zum Überleben gegeben haben, wird von den Seinen – und es sind Hunderttausende, die sich in ihm wiedererkennen, von Jérémie bis Fort de France, von der Ebene im Norden bis zu den dominikanischen Hügeln – kurz und liebevoll *Titid* genannt.

Er überlebte die Mordanschläge, welche die *Tontons-Macoutes*, die Totschläger zuerst des alten, dann des jungen Duvalier (des üblen Jean-Claude), gegen ihn verübten. Wie durch ein Wunder überstand er nach dem Sturz des Diktators den Armee-Angriff auf seine Kirche. Am 16. Dezember 1990 wurde er mit überwältigendem Mehr von einem todesmutigen Volk zum Präsidenten der Republik gewählt. Am 30. September 1991 nahm ihn ein Putsch-General namens Cédras, ferngelenkt vom nordamerikanischen Geheimdienst, im weißen Präsidentenpalast von Port-au-Prince gefangen. Auf dem Rasen stand das Exekutionskommando behelmter Söldner bereit. Nur das mutige Dazwischentreten des französischen Botschafters rettete *Titid* vor der Hinrichtung. Aristide lebt gegenwärtig in Caracas (Venezuela). In Haiti wüten Cédras und seine Henkersgesellen: In den drei vergangenen Monaten haben sie Hunderte junger Haitianer aufgehängt, unter der Folter getötet oder an Straßenkreuzungen erschossen.

Jesus ist die Wahrheit – Punkt, Schluß!

Am Montag der Osterwoche 1985, als die Menschen schon überall aufstanden gegen die Duvalier-Diktatur, als in Cap-Haïtien Kämpfe stattfanden und auf den Plantagen südlich von Jérémie Tausende von Arbeitern streikten, als die Tontons-Macoutes schlimmer denn je wüteten und die Armee an den Straßensperren wahllos Kinder, Frauen und Männer abfing, von denen viele überhaupt nie wieder gesehen wurden, hielt Aristide in der Kathedrale von Port-au-Prince seine berühmte Predigt: «Jesus ist die Wahrheit» (vgl. S. 78ff). Sie bildete die Legitimation für die Revolte, die dann wie ein Feuer um sich griff und ein Jahr später den Tyrannen stürzte. Ich habe diese Predigt nicht selbst gehört, aber ich habe Messen in St. Jean-Bosco miterlebt. Ich habe *Titid* gehört, die fiebrige, manchmal ganz leise, nie aufdringliche Stimme. Die Worte sind stets einfach. Immer mit vielen kreolischen Sprichwörtern und Anekdoten gewürzt. Das Evangelium zitiert er in jedem zweiten Satz. Die Messe in La Saline (wörtlich: die Salzquelle) ist ein Fest, kein langweiliges, falsch-feierliches Ritual, wie ich es bei mir zu Hause in Genf jeden Sonntag erlebe, wo der Besuch der Messe dem Erbringen eines Opfers gleichkommt: Man geht hin, langweilt sich und versucht, trotz der trüben Atmosphäre, wo von lebendiger Brüderlichkeit keine Spur zu finden ist, wenigstens in Gedanken mit den Armen dieser Erde in Kontakt zu kommen. In St. Jean-Bosco ist das anders: Dort sprühen Leben, Liebe, Hilfe und Aufmerksamkeit, Solidarität und Teilnahme für den Nächsten aus jedem Lied, jeder Musik, jeder Predigt. *Titid*, der Menschenfreund, redet nie sehr lange. Vor und nach dem Gottesdienst begegnen sich die Menschen. Selten geht an diesen festlichen Sonntagen jemand vor Einbruch der Dunkelheit nach Hause.

Ti Legliz (wörtlich: die kleine Kirche) nennt sich die Volkskirche in Haiti. Sie besteht aus vielen Dutzend Basisgemeinden, Bauernkooperativen, Vereinigungen zur gegenseitigen Hilfe in den *bidonvilles* und Pfarreien mit fortschrittlichen Geistlichen. Die «kleine Kirche» wird von der fetten, purpurbehangenen, mit jedem Diktator seit Magloire paktierenden Hierarchie und meist auch vom römischen Nuntius stramm bekämpft und lauthals verurteilt. Im Namen Gottes... Eines muß gesagt werden, und das hat mich immer wieder erstaunt: Die Basiskirche, deren reinste Inkarnation *Titid* ist, erscheint, wenn man von Nicaragua, aber auch von Brasilien kommt, völlig unpolitisch. Aristide hält keine politischen Predigten. Jedenfalls habe ich eine solche von ihm nie gehört oder gelesen. Sie stellen formal sehr konventionelle Texte dar: Es wird aus der Bibel rezitiert (mit Vorzug aus dem Johannesevangelium, das es ihm besonders angetan hat), dann wird eine Auslegung gemacht. Kein Vergleich mit Italo Coelho oder mit Hélder Câmara in Brasilien, die auf der Kanzel genaue Import- und Exportstatistiken anführen, den elenden Minimallohn anprangern oder gegen das Fluchtkapital wettern, das die einheimischen Reichen aus dem Land schaffen (Dom Hélder hat in Olinda auch über die Schweizer Banken gepredigt!). Und schon gar kein Vergleich mit Nicaragua: dort spricht Ernesto Cardenal oder sein Bruder, der Jesuit Fernando Cardenal, in ökonomisch präzisen Begriffen von der am eigenen Leib tagtäglich erlebten Ausbeutung ihrer Mitchristen durch die ungleichen Tauschbedingungen auf dem Weltmarkt.

Nichts dergleichen bei Aristide. Er hält sehr auf die Sakralsprache. Er läuft zwar nicht in der Soutane herum, vermeidet aber auch jede Konfusion zwischen den kirchlichen Ständen. Er ist in seinem Habitus – will man europäische Vergleiche anstellen – eher ein traditioneller Priester. Aber eben ein Priester, einer, der starrköpfig und unbeirrt in seinem Leben und in seinem Land, gemeinsam mit seinen geschundenen Mitbürgern und wenn nötig unter Aufopferung des eigenen Lebens, die Gerechtigkeit, die Freiheit und die Brüderlichkeit der Kinder Gottes ganz konkret herstellen will – so wie dies das Evangelium vernünftig und unmittelbar verlangt.

Ein Mann zweier Welten

Che Guevara ist mit 39 Jahren ermordet worden. Thomas Sankara haben seine Henker erwischt, zwei Monate vor seinem 38. Geburtstag. Jean-Bertrand Aristide lebt, kämpft und hofft, bald in seine Heimat zurückkehren zu können. Ich führe Sankara und Che an. Nicht weil *Titid* von ihnen predigt. Sondern weil die zwei Märtyrer genau die doppelte soziale Erbschaft des haitianischen Volkes und der Erde, aus der *Titid* stammt, definieren: Haiti befindet sich in Lateinamerika, genauer gesagt, in der Karibik; es ist das alte *Hispaniola* (der Westteil davon), das Christoph Kolumbus auf seiner zweiten Reise «entdeckte» und dessen erster Gouverneur Kolumbus' eigener Sohn war – dieser rottete dann übrigens die Karibik-Indianer, die Urbewohner der Insel, vollständig aus. Haiti hat ein Pro-Kopf-Einkommen (gemäß Weltbank-Statistik von 1990) von weniger als 300 Dollar pro Jahr. Im Vergleich dazu besitzt die Schweiz ein solches von rund 30 000 Dollar, also hundertmal mehr. Haiti erlebt, schlimmer noch (dreckiger geht es zur Zeit nur noch Jamaika), die durch den Weltmarkt bedingte Ausbeutungssituation, gegen die der argentinische Medizinstudent Guevara aufgestanden war. Haiti, eine unabhängige Republik seit 1804, ist aber auch ein durch und durch afrikanischer Staat. Mit den Sklaven sind die *Legba*, die *Fon*-Götter, gereist. Dazu kommt, daß Haiti, anders als die afrikanischen Diaspora-Gesellschaften im nordamerikanischen Mississippi-Tal, in Nordost-Brasilien oder in Zentral-Kuba, eine sehr eindrückliche ethnische Einheitlichkeit aufweist. Die allermeisten Haitianer sind Abkömmlinge westafrikanischer Völker, vor allem der *Fon* (und auch der *Ewe*). Der Führer des siegreichen Sklavenaufstandes von 1791, François Dominique Toussaint-Louverture, der die französischen Sklavenhalter und Plantagenherren umbrachte, die Überlebenden verjagte und erst 1802 vor dem bonapartistischen General Leclerc kapitulierte, war der Sohn eines Handwerkers aus Ouidah (heute Benin). Er war ein überzeugter Panafrikanist (lange bevor es diese Organisation und diesen Begriff überhaupt gab). Er kämpfte und starb (am jurassischen Winter, in der Deportation im Fort de Joux) für die Würde und die Freiheit der schwarzen Menschen. Genau wie Thomas Sankara im Oktober 1987, in Ouagadougou (Burkina Faso). Aristide ist ein Mann zweier Welten. Und daher ist sein starrsinniger Kampf für elementare Menschenrechte, Demokratie und Freiheit ein Kampf, der für die gesamte Dritte Welt von größter Aktualität und Bedeutung ist. Wenn es Cédras, seinen Halunken und den Komplizen in Washington gelingen sollte, die usurpierte, durch den Staatsstreich erlangte Macht, die Militär-Tyrannei, zu erhalten und dem gewählten Präsidenten Aristide die Rückkehr in sein Land zu verweigern, dann wäre für die Demokratie in der ganzen Dritten Welt eine entscheidende Hoffnung gestorben.

Es gibt, liest man die Statistik, über 800 Millionen sogenannte Christen auf unserem Planeten. Es gibt Mönche, Pfarrer, Priester, Bischöfe, Kardinäle und sogar einen Papst. Wirkliche Christen jedoch, die diesen Namen verdienen, gibt es wohl nur eine geringe Zahl. Jean-Bertrand Aristide, Pfarrer von St. Jean-Bosco und exilierter Präsident der schwarzen Republik Haiti gehört zu ihnen. Wem das Evangelium Hoffnung bedeutet, wer glaubt, der Heilige Geist könne in bestimmten Menschen zu einer bestimmten Zeit konkret und unmittelbar sichtbar werden, der sollte heute alles tun – welchem Kontinent, Land und Volk er auch immer angehört –, damit *Titid* nach Port-au-Prince zurückkehren und zusammen mit seinem Volk das Werk der Befreiung weiterführen kann.

Genf, 20. Dezember 1991

Pè Titid und der Rhythmus des haitianischen Volkes

Einleitung

Die Ereignisse in Haiti überstürzen sich häufig derart, mit solchen Hochs und Tiefs, daß oft schwer auszumachen ist, in welche Richtung sie treiben. Am Ende eines schwindelerregenden und gefahrvollen Weges zur Demokratie versperrt plötzlich ein fürchterlicher Felsblock den Durchgang. Inmitten von Diktatur und Unterdrückung bricht ein zarter Sproß von Demokratie hervor. Einer denkt, er habe den Gipfel seiner Laufbahn in Haiti erreicht, und am nächsten Tag schon sieht er sich in einen Pfuhl von Schande und Ehrlosigkeit gestürzt. Wieder ein anderer kommt sich verloren, verlassen, weggeworfen, an den Rand gedrückt und ausgestoßen vor, aber er entdeckt dabei, daß gerade dieser Zustand ihn zum Sturm auf die höchsten Ziele beflügelt.

Letzteres trifft auf Pater Jean-Bertrand Aristide zu. Unmittelbar vor dem Sturz des haitianischen Diktators Jean-Claude Duvalier im Jahre 1986 und wiederum vier Jahre nachher wurde der inzwischen 37jährige P. Aristide zu einem Anführer der demokratischen Volksbewegung in Haiti. Das freimütigste Mitglied der *Ti Legliz* (wörtlich: die Kleine Kirche, der fortschrittliche Flügel der katholischen Kirche Haitis, der Basisgemeinden), der charismatische und reizbare Priester war der in der Öffentlichkeit am meisten präsente Vertreter des in der Befreiung engagierten Klerus von Haiti. *Pè Titid*, wie er liebevoll genannt wird, litt, wenn das Volk von Haiti litt, er erlebte ein großes Hoch, wenn es auch dem Volk gut ging.

Jedesmal, wenn eine Regierung mit Unterstützung des Volkes nahe an die Macht zu kommen schien, war Aristide zur Stelle, um das haitianische Volk zu ermuntern und zu begeistern. Wenn das Volk von den bewaffneten Streitkräften unter einer Reihe von brutalen Regimen geschlagen und gemordet wurde, setzte er sich öffentlich zur Wehr gegen solche Mißbräuche, und zwar unter großem persönlichem Risiko; wenn die Leute innerhalb des Landes Barrikaden errichteten, um die eben in Gang gekommene Demokratiebewegung zu verteidigen, ermutigte er sie.

Immer wenn er die Messe feierte, war seine am Rand des Armenviertels La Saline in der Hauptstadt Port-au-Prince gelegene Kirche St. Jean-Bosco prallvoll von Leuten, die in der Bewegung mitmachten. Er gab seinen Pfarreiangehörigen aus den Elendsvierteln Hoffnung; seine Worte halfen ihnen, die Struktur des Systems, das sie gefangen hielt, zu durchschauen und zu deuten. In einem Land, das im Verlauf seiner jüngsten Geschichte so erniedrigt worden ist, daß in den Reihen seiner Politiker die Heuchler vorherrschen, blieb Aristide eine der ganz wenigen Persönlichkeiten im öffentlichen Leben, auf die das haitianische Volk noch vertrauen konnte. In einer Zeit, in der nur wenige den Mut hatten, sich öffentlich für das Volkswohl einzusetzen, und in der kein anderer die Nerven hatte, ein so großes Risiko einzugehen, zögerte P. Aristide niemals, mit der Sprache herauszurücken.

Haiti ist ein sehr katholisches Land (obschon die ganze Landbevölkerung und viele Stadtbewohner auch dem Wodu-Kult ergeben sind); erst in neuester Zeit haben sich protestantische Sekten in einem größeren Ausmaß innerhalb des Landes bemerkbar gemacht. Die Präsenz der Kirche ist in jeder Phase des Lebens eines Haitianers spürbar. Wie in anderen lateinamerikanischen Ländern ist die Kirche die Ersterzieherin. Alle jungen Männer und Frauen, die von den ländlichen Gegenden in die Stadt kommen und über ein wenig Wissen verfügen, sind bei Schwestern oder Patres zur Schule gegangen. Die meisten guten Schulen des Landes werden von der katholischen Kirche geführt. Für arme Bauern ist ein Leben in der Kirche oft die einzige Alternative zu einem demütigenden Leben auf dem Land; ich kenne mehr als einen hochgebildeten haitianischen Priester, dessen Eltern Bauern waren, die weder lesen noch schreiben konnten. Auch die Eltern von Aristide gehörten der Klasse der Bauern an.

Jahrhundertelang drehte sich das Leben in der Provinz um den haitianischen Bischof; vor ihm hatte man große Ehrfurcht. Gleicherweise stand der Pfarrer (wie auch der Wodu-Priester) im Mittelpunkt der haitianischen Dörfer und Weiler. Der Pfarrer half den

Ärmsten, indem er sich um gemeinnützige Projekte wie Hausbau, Ernährungsprogramme und karitative Hilfe kümmerte. Er war eine – oft die einzige – Geldquelle für das Landvolk. Ein altes kreolisches Sprichwort lautet: *Aprè Bondye se Pè a*, nach dem lieben Gott kommt der Priester. Er war auch der Lehrer, zusammen mit den anderen Pfarrgeistlichen und den Schwestern.

Aber mit der Entwicklung der kirchlichen Basisgemeinschaften in den 70er Jahren – im Kreolischen nennt man sie *Ti Kominote Legliz* (TKL) – begann die Kirche in ganz Haiti, sich radikal zu verändern – und damit auch das Verständnis der Kirche beim Volk. Da jetzt die grundlegende Aufbauarbeit in steigendem Maße von den Basisgruppen geleistet wurde, nahm der Einfluß des Pfarrers ab. Die Selbsthilfe (*kunbit*), die bereits in den haitianisch-afrikanischen Arbeitsgruppen sehr wichtig war, wurde von den Basisgruppen unterstützt, und die engagierten Laien nahmen in den Augen der Bauern eine Bedeutung an, die fast so wichtig wie diejenige der Priester war.

Insbesondere in Port-au-Prince waren die Basisgruppen ausschlaggebend für das Weiterbestehen der Achtung und Zugkraft der katholischen Kirche beim Volk. (Etwas weniger als ein Fünftel der Bevölkerung von Haiti lebt in der Hauptstadt.) Die Basisgruppen erlangten ihre Mündigkeit gegen Ende der 70er Jahre, genau zu der Zeit, als die protestantischen Sekten – wie die Heiligen der Letzten Tage und die Pfingstler – Haiti mit ihrem Geld überschwemmten und Tausende von Haitianern von der katholischen Kirche weglockten; sie boten Reichtümer an, kleinere Gemeinden und einen leichteren Zugang zum Pastor.

Obwohl die Mütter, Großmütter, die ergrauten Onkel und Urgroßväter nie im Traum daran dachten, die katholische Kirche zu verlassen und ebenso wenig den Priester, den sie schon als kleinen Altardiener gekannt hatten, so schwenkten doch Jugendliche in Scharen zum Protestantismus über oder gaben die Religion ganz auf. Die Jungen konnten nicht einsehen, wie die Kirche, die allzu oft nur vom Hinnehmen, Sich-Unterwerfen und Gebet gesprochen hatte, ihnen aus ihrer verzweifelten Lage heraushelfen würde. Sie konnten nicht erkennen, wie das Gebet ein taugliches Werkzeug sein sollte in einem Leben ohne Ausbildungsmöglichkeiten und Arbeitsplatz, aber mit schlechter Gesundheit, erbärmlicher Behausung, wenig Nahrung und mit ebenso schlechten Aussichten für die Kinder.

Die Basisgemeinschaften brachten die Jungen und die Verzweifelten in Haiti wieder in die Kirche zurück, weil die kleinen Gemeinschaften diesen Leuten neue Hoffnung auf die Möglichkeit eines Wandels brachten. In der Stadt half P. Aristide bei der Gründung einer Reihe von Basisgruppen für junge Erwachsene, für Studenten und für junge Frauen. Die Kirche St. Jean-Bosco wurde ein Sammelpunkt für die Basisgruppen; die Kirche, jahrelang nur schwach besucht von alten Frauen und Kindern, füllte sich plötzlich mit jungen Leuten. Jeden Dienstag abend fand eine Jugendmesse statt, die von den Jugendlichen gestaltet wurde und bei der P. Aristide nur im Hintergrund mitwirkte.

Damals verbreitete sich um die Kirche St. Jean-Bosco eine großartige Atmosphäre der Hoffnung. Junge Leute von verschiedenen Basisgruppen trafen sich dort. Der progressive Klerus ging in der Pfarrei ein und aus. Ein Wandel bahnte sich an – das wurde immer deutlicher oder schien wenigstens so. Die Jugendlichen waren untereinander ständig in hitzige politische Debatten verwickelt. Immer wieder schmiedeten sie Pläne für neue Projekte. Sie entwickelten Grundschulungsprogramme. Ihr Leben knisterte vor Begeisterung und Tatendrang.

Aristide arbeitete mit ihnen zusammen, aber er bezog seine geistige Kraft von einer größeren Gemeinde und inspirierte diese damit. Seine Sonntagspredigten, gefüllt mit kreolischen Wortspielen und biblischen Schimpfreden gegen die Diktatur, waren in Port-au-Prince in den Monaten und Wochen vor dem Sturz von Jean-Claude Duvalier berühmt. Als das Regime zerfiel, flammte im ganzen Land herum eine Unruhe unter dem Volk auf, die allmählich auch auf Port-au-Prince übergriff. Von der Kanzel aus half Aristide mit, die jungen Leute in der Hauptstadt zur Teilnahme an den Demonstrationen zu bewegen, die schließlich zum Sturz von Präsident Duvalier führten. Mit alledem zeigte sich die Hierarchie der Kirche einverstanden. Die Bischöfe sahen damals in Aristide einen Ordensmann, der begeistern konnte und nützliche Bewußtseinsbildung betrieb.

Dann mußte Duvalier gehen, und auch die Haltung der Bischöfe änderte sich.

Gegen Ende 1985 und zu Beginn 1986 hatte die Kirche auf allen Stufen eine wichtige Rolle gespielt und wesentlich dazu beigetragen, daß jetzt das offizielle Haiti und das Ausland den Hinauswurf des auf Lebenszeit ernannten Präsidenten Jean-Claude Duvalier guthießen. Jean-Claude war der Sohn und Nachfolger von Dr. François Duvalier, der vor mehr als 29 Jahren an die Macht gekommen und 1971 gestorben war. Im Jahre 1983 hatte Papst Johannes Paul II. Haiti besucht. Obwohl sich der Papst zum Erstaunen vieler Mitglieder der Basiskirche zu einem Treffen mit dem jungen Duvalier bereit erklärt hatte, war Johannes Paul doch entrüstet über die Ungleichheit zwischen Arm und Reich im ärmsten Land der westlichen Erdhälfte. Bei seinem Abschied sprach er die (für die Haitianer) berühmten Worte: «Diese Dinge müssen sich ändern!»

Die haitianische Bischofskonferenz übernahm die Devise des Papstes und äußerte sich – zunächst milde – gegen Duvalier, dann aber immer eindringlicher, je stärker der Protest des Volkes zunahm. Schließlich sah man in Duvalier einen Anachronismus in einer Welt, die sich immer mehr der Demokratie zuwandte. Ronald Reagans Hintermänner nannten dies *People Power*, die Macht des Volkes. Im Einklang mit seinem Entscheid, den früheren Freund Amerikas auf den Philippinen, Ferdinand Marcos, fallen zu lassen, drängte das US-State Departement darauf, die Beziehungen zu seinem anderen Liebling und Inseldiktator rasch und mit möglichst wenig strukturellen Veränderungen abzubrechen. Die haitianische Armee hatte nicht mehr viel übrig für Jean-Claude Duvalier, und sogar die *Tontons Macoutes*, die gehässige paramilitäre Miliz, die sein Vater gegründet hatte, kümmerten sich nicht sonderlich um das Schicksal des Sohnes, nachdem sie ja im Weichbild Haitis fest verankert waren.

Mit anderen Worten: die Kirche stellte sich auf eine Linie mit dem übrigen offiziellen Haiti. Inspiriert durch Gedanken aus den Predigten von P. Aristide, entlud sich der Protest des Volkes schließlich auch in Port-au-Prince. So war es die ganze haitianische Gesellschaft, die den Diktator hinauswarf.

Aber wie P. Aristide später über ein anderes gestürztes Staatsoberhaupt sagte: «Der Chauffeur ist gegangen, aber der Wagen ist immer noch da, schwer beladen mit den Waffen des Duvalierismus.» Tatsächlich blieb die Struktur der haitianischen Gesellschaft unverändert. Die Tontons Macoutes zum Beispiel waren immer noch auf freiem Fuß. Das Volk unternahm zwar einen kurzen und heftigen Versuch, diese Leute vor ein rasches Straßengericht zu stellen, es wurde aber von den haitianischen Bischöfen mit einigen gut gewählten Worten gestoppt.

Die Bischöfe boten jedoch keine Alternativen zu den Straßengerichten und setzten der neuen Regierung auch keinen ernsthaften Druck auf, die Verbrecher aus dem alten Regime zur Verantwortung zu ziehen. Sie distanzierten sich auch von Aristide und seinen Mitstreitern, die den Kampf gegen den Duvalierismus öffentlich fortsetzten. Vielleicht besaßen einige Bischöfe zwiespältige Gefühle wegen ihrer Verwicklung in das ganze schmierige System des *ancien régime*, und sie wollten deshalb die schlafenden Hunde lieber nicht wecken.

Trotz des Vertrauens, das Aristide in der haitianischen Bevölkerung ausgelöst hatte – oder vielleicht gerade deswegen –, wurde er während der letzten turbulenten Jahre der haitianischen Geschichte von auswärtigen Beobachtern als gefährlicher Mann angesehen: von ausländischen Diplomaten, westlichen Reportern und vom Vatikan. Als im Sommer 1987 klar wurde, daß sich Aristide mit zwei anderen Priestern und populären Führern der Basisgruppen an der Organisation von Demonstrationen gegen das immer repressiver werdende Regime beteiligte, wurden die auswärtigen Beobachter ihm gegenüber immer vorsichtiger. Sie sahen in ihm einen demagogischen Volksführer, der eine sozialistische Revolution vom Zaune brechen könnte. In Botschaftstelegrammen der USA wurde er als radikaler Volksaufwiegler bezeichnet.

Diese Vorsicht verwandelte sich schließlich zusehends in eine Art Feldzug gegen Aristide, wie aus den Telegrammen der amerikanischen Botschaft jener Zeit deutlich hervorgeht. Diese wurden auch dem Vatikan zugeleitet; sie besagten, daß es der amerikanischen Regierung lieber wäre, wenn der Priester das Land verlassen würde. In ähnlicher Weise äußerte auch der päpstliche Nuntius in Haiti, der schon vor dem Sturz der Duvalier-Dynastie im Amt war, sein Mißfallen über Aristide, besonders in privaten Gesprächen.

Innerhalb kürzester Zeit ergriff dann der Orden der Salesianer, dem Aristide angehörte, verschiedene Maßnahmen gegen ihn.

Bereits 1986 versuchte die Ordensleitung, ihn zum Schweigen zu bringen und ihn aus seiner Pfarrei zu entfernen. Sie drohte ihm mit Entlassung und Ausschluß. Tatsächlich schloß ihn der Orden mit Zustimmung des Vatikans im Dezember 1988 aus, weil er die Kanzel mit der Politik verwechsle. Genauerhin warf man ihm vor, er predige Gewalt und Klassenkampf. Kardinal Miguel Obando y Bravo von Nicaragua, auch er ein Salesianer, der von der Kanzel aus unverblümt zum Widerstand gegen die sandinistische Regierung von Daniel Ortega aufrief, ist dafür von seinem Orden nie gerügt worden...

Während die katholische Hierarchie ihre rechtlichen Schritte gegen Aristide und die Basisgemeinden weiterverfolgte, war auch die Regierung von General Henri Namphy mit dessen Helfern aus dem Kreis der früheren Freunde von Duvalier zum Angriff übergegangen. Es erregte einiges Aufsehen, als Aristide 1987 mit drei anderen progressiven Geistlichen bei einer Straßensperre in einen Hinterhalt geriet und nur mit knapper Not der Ermordung entging. Aber dieser Überfall verblaßt vor der Blitzkriegaktion gegen die überfüllte Kirche St. Jean-Bosco ein Jahr später; Dutzende von Gläubigen kamen ums Leben, und die Kirche wurde ein Raub der Flammen. Wiederum kamen P. Aristide und einige progressive Laien mit dem Leben davon.

Zum Verständnis für das unversöhnliche Verhalten der haitianischen Bischöfe gegenüber Aristide muß man einen Blick auf die Geschichte der einheimischen Kirche in den letzten Jahren werfen. Die haitianische Bischofskonferenz wurde nämlich 1966 von Dr. Duvalier («Papa Doc») ins Leben gerufen, und zwar nach einer langwierigen und gehässigen Fehde mit dem Heiligen Stuhl, die der Diktator in seinem überlangen und von Selbstlob strotzenden Buch *Mémoires d'un Leader du Tiers-Monde* (Paris 1969, Hachette) darlegt. Papa Doc spürte richtig, daß die stärkste Opposition, mit der er zu tun hatte – außer der Armee, die er bereits dezimiert und infiltriert hatte – von der von außen gesteuerten katholischen Kirche ausging.

François Duvalier vertrieb die Jesuiten und die Spiritaner und schickte den Bischof von Gonaïves ohne viel Federlesens ins Exil. Aber damit war er noch nicht zufrieden. Wie in allen anderen Bereichen wollte er auch hier sämtliche Schalthebel in seiner Hand haben. Schließlich hatte der Vatikan die beharrliche Streitsucht Duvaliers satt und arbeitete auf einen einheimischen Klerus hin. Da gestattete der Präsident 1966, vier haitianische Priester auszuwählen, die dann auch ordnungsgemäß zu Bischöfen konsekriert wurden. Ein Foto auf Seite 286 der verschwenderisch illustrierten Memoiren zeigt François Duvalier, umgeben vom neuen Erzbischof von Port-au-Prince und von den drei anderen, ebenfalls soeben ernannten haitianischen Bischöfen.

Ich erkenne zwei der vier Haitianer: Emmanuel Constant, Bischof von Gonaïves, und François Wolff Ligondé, Erzbischof von Port-au-Prince. Sie halten heute noch die Positionen inne, die sie unter Papa Doc hatten.[1] Keiner von ihnen gebrauchte je seine geschützte Machtposition, um die brutale, ja tödliche Unterdrückung, die von Papa Doc gesteuert wurde, anzuprangern oder davor zu warnen. Statt dessen schlossen sie den Diktator in ihre öffentlichen Gebete ein. Nahezu alle Mitglieder der heutigen haitianischen Bischofskonferenz sind von Duvalier oder seinem Sohn Jean-Claude ernannt worden.

Mit anderen Worten: es gibt in Haiti keine fortschrittlichen Bischöfe. (1987 erhob einer in der Hitze eines politisch heißen Sommers seine einsame Stimme, wurde jedoch von den anderen rasch wieder zur Ordnung gerufen.) In Haiti gibt es keine Bischöfe, die irgendeine ernsthafte Form von Befreiungstheologie begrüßen und unterstützen. Es gibt in Haiti keine Bischöfe, welche die Basisgemeinden verteidigen, wenn diese von der weltlichen Macht bedroht werden. Dieser Mangel an Progressiven auf der obersten Ebene der Hierarchie hat Haiti während der letzten zwei Jahrzehnte zu einem Sonderfall in Lateinamerika gemacht und die haitianische Kirche polarisiert. Aber die Bischofskonferenz Haitis wird nicht mehr lange eine Ausnahme darstellen, da die fortschrittlichen Bischöfe der ganzen Hemisphäre in den Ruhestand gehen und durch konservative ersetzt werden.

Als Haiti im Jahre 1987 auf gefährlichem Pfad den Wahlen entgegenschritt, kam es zu Gewaltausbrüchen von seiten der Tontons Macoutes und der Armee. Beide fühlten sich durch eine vom Volk

---

1 Mgr. Ligondé wurde nach dem Januar-Putsch (1991) von der Bevölkerung vertrieben, weil seine Kontakte zu den Putschisten allzu offensichtlich wurden.

gewählte Regierung bedroht. Die Kirche sagte nichts. P. Aristide und die drei anderen Geistlichen wurden auf einsamer Straße überfallen und von denselben zwei Mächten beinahe getötet. Die Bischofskonferenz schwieg sich aus. Zufällig traf ich Bischof Constant in der Klinik, wo die vier verwundeten Priester gepflegt wurden – doch der Bischof wußte nichts zu sagen. (In einer seltenen Geste kirchlicher Solidarität hatten Bischof Constant und der päpstliche Nuntius immerhin die vier Verletzten im Krankenwagen zur Hauptstadt begleitet.) Sechs Tage nach dem Überfall erließen die Bischöfe eine kritische Botschaft zu den Basisgemeinden. Die Kritik klammerte sich an den beliebten Strohhalm der Bischöfe, daß nämlich die Basisgemeinden versuchten, in Haiti eine parallele und getrennte «Volkskirche» aufzubauen. Viele in der Basisbewegung glaubten hingegen, daß es die Bischöfe waren, die sich von ihnen lossagten, weil sie faktisch erklärten, die Volkskirche würde nicht mehr unter dem Schutz der Bischöfe stehen.

Während die Wahlbüros beschossen und die Häuser der Wahlbeamten niedergebrannt wurden, hielten die Bischöfe den Mund. Erst nach dem scheußlichen Massaker am Wahltag ergriffen sie endlich das Wort. Als die Kirche von Aristide niedergebrannt und dreißig Gläubige ermordet wurden, wartete die Bischofskonferenz volle zwei Wochen, bis sie den Anschlag verurteilte. Keiner der Bischöfe ergriff Partei für Aristide im anschließenden Konflikt mit den Salesianern. Ein Sprecher der Salesianer in den USA gestand später, tatsächlich hätten die haitianischen Bischöfe selbst den Orden gebeten, Aristide auszuschließen.

Aristide war nicht der einzige fortschrittliche Priester, der in dieser Periode zu leiden hatte. Andere junge und beliebte Befreiungstheologen erhielten ein Redeverbot und wurden aus ihren Pfarreien entfernt wegen kleinerer Vergehen, die man beim konservativen Klerus jedoch durchgehen ließ. Auch ältere fortschrittliche Priester erhielten scharfe Verweise oder bekamen, wenn es gut ging, die kalte Schulter der Kirche zu spüren. Antoine Adrien und William Smarth, zwei bekannte Spiritaner, die von Papa Doc ausgewiesen worden waren und von ihrem kleinen Büro in Brooklyn aus unermüdlich gegen den Duvalierismus gekämpft hatten, erhielten nach ihrer Rückkehr nach Haiti 1986 keine Pfarrei und bekamen für ihre Tätigkeit nie die geringste Ermutigung. Ich erinnere mich noch gut an den ergrauten P. Adrien. Sein Kopf war von den Steinwürfen noch aufgeschwollen und seine blutunterlaufenen Augen steckten unter einem Verband.

1990 war P. Adrien noch immer ohne Pfarrei und wohnte am Rand des überfüllten und lärmigen Armenviertels von St. Martin. Infolge verschiedener Verwicklungen von Politik, Umständen und seiner eigenen Persönlichkeit wurde P. Adrien Leiter eines in Eile zusammengesetzten Teams (*Unity Assembly*: Einheitsversammlung) von zwölf politischen und gesellschaftlichen Führern. Sie versuchten, den ständig blutrünstiger werdenden duvalieristischen Diktator, General Prosper Avril, aus dem Sattel zu heben. Adrien war die treibende Kraft und der Animator in diesem Prozeß, der schließlich von Erfolg gekrönt war. Er half auch, die zivile Regierung, die auf den General folgte, zusammenzuführen und zu organisieren.

Wendepunkt in jenem Wahlkampf war das symbolische Requiem von P. Adrien für Roseline Vava, ein elfjähriges Mädchen, das eben von Soldaten erschossen worden war. Einer offenbar kirchenamtlich erfolgten Direktive gemäß wollte kein Gotteshaus in der Hauptstadt die Tore für P. Adrien öffnen. So war er in einer Periode des grausamen Kampfes und der Unruhen auf den Straßen genötigt, die Messe entweder im Slum Bel-Air im Freien zu feiern oder überhaupt nicht. Er entschied sich für die Messe. Tausende kamen, selbst unter Lebensgefahr, um seinem Gottesdienst beizuwohnen. Von dieser Messe aus formierte sich dann der Marsch, der wohl Blutvergießen, aber auch den Sieg brachte, der dieses Militärregime entscheidend zu Fall brachte.

Unterdessen war P. Aristide immer noch mit dabei – ein erstaunliches politisches Überleben. Er war aus seinem Orden ausgeschlossen worden, durfte keine öffentliche Messe feiern und konnte von der Kirche auch keine Geldmittel mehr beziehen. Ein Jahr nach der regulären Eingabe seines Rekurses hatte er von Rom immer noch keine Antwort. Man würde annehmen, daß er seinen einst so bestimmenden Einfluß auf das haitianische Volk verloren hätte, da er dermaßen verstoßen, an den Rand gedrängt, zum Schweigen verurteilt und hinausgeworfen war. Die Kirche hatte ihn ja öffentlich geschmäht, ebenso die übrige bessere Gesellschaft. Von rechtswegen hätte er am Tiefpunkt seiner Kraft sein müssen.

Aber wie niemand den starken Mann, der im Volk keinen Rückhalt hat, lange stützen kann, so kann auch niemand jene der Macht berauben, die mit der Unterstützung des Volkes rechnen dürfen. (Nur durch ihre eigenen Fehler können sie diese Stütze verlieren.)

So war es in diesen entscheidenden Phasen während des Jahres 1990 teilweise der aktiven und öffentlichen Hilfe von P. Aristide zuzuschreiben, daß die von langer Hand geleistete, konsensbildende Aufbauarbeit von P. Adrien zum Erfolg gelangte. Über die Radiowellen hielt Aristide die Impulse aus dem Trauermarsch in Schwung. Aristides kraftvolle und beredte Radiosendungen bewirkten, daß die haitianische Bevölkerung draußen auf der Straße blieb und einsatzbereit an den Barrikaden wartete, und dies in einer Zeit großer politischer Spannungen. Die Bereitschaft der Einheitsversammlung, das eigene Leben für einen Regierungswechsel aufs Spiel zu setzen, gab ihren Ansprüchen auf die Unterstützung durch das Volk Glaubwürdigkeit. Wohl auch wegen Adrien und Aristide, den beiden von der kirchlichen Hierarchie abgelehnten Priestern, wurde General Avril zur Abgabe der Macht an eine zivile Regierung gezwungen. Ironischerweise wurde P. Adriens tadellose und intelligente Führung der Kampagne zur Abschaffung der Militärdiktatur in der Folge wie ein Stück Politur benützt, um das angekratzte Bild der Kirche in Haiti auf Glanz zu bringen.

Während dieser ganzen Zeitspanne weilte ich immer wieder in Haiti auf Besuch und schrieb an einem Buch (*The Rainy Season: Haiti Since Duvalier*). Es ergab sich, daß P. Aristide einen wichtigen Platz in diesem Buch haben würde. Als ich mit meinen Nachforschungen begann, wußte ich dies jedoch nicht. Das Buch nahm gewissermaßen um ihn herum Gestalt an: Er war dabei, den Weg zu der Person zu entdecken, die er in der Tat werden sollte. Wie ich ihn so beobachtete, merkte ich, daß sich um ihn herum viele der Streitfragen und Strömungen kristallisiert hatten, denen sich Haiti in den nun folgenden Jahren stellen mußte.

P. Aristide stellte für mich anfänglich ein Geheimnis dar. Sein charismatischer Stil war ungewohnt. Sein Kreolisch war scharf, beißend und schwer zu entziffern. Seine Anziehungskraft war mir unerklärlich. Er ist eine kleine, zerbrechlich scheinende Person, die weit davon entfernt ist, einem schon auf Anhieb Achtung zu gebieten. Doch sowohl junge Leute als auch gesetzte Frauen, Ärzte, Juristen und die ganz Armen: sie alle warteten geduldig darauf, ihn zu sehen – und dies, wie es schien, jeden Tag rund um die Uhr. Seine Reaktionen auf Brutalität, Unterdrückung und Diktatur waren zu Beginn sehr emotional und impulsiv, später dann differenzierter. Er schien mir nicht berechenbar.

Er ist von seinen geistlichen Mitbrüdern und auch von Mitgliedern der Basisgruppen wegen seiner Voreiligkeit und seines impulsiven Verhaltens kritisiert worden. Er ist kein natürlicher Stratege. Er ist auch kaum ein Team-Spieler, obwohl er gelernt hat, wie man in entscheidenden Momenten den Ball spielen muß. Er glaubt an die Inspiration und vertraut darauf, daß diese ihm auf lange Sicht den rechten Weg weisen wird. Er glaubt, daß seine Inspiration einer instinktiven Analyse der Tatsachen, d.h. der Situation in Haiti, entspringt. Er glaubt, jene Kollegen, die ihn kritisieren, würden schließlich einsehen, daß seine scheinbar überstürzten Taten und Worte letztlich das Richtige waren. Er bemühte sich, mehr als oft angenommen wird, darum, jenen gegenüber verantwortungsvoll zu handeln, die er immer noch als seine Gemeinde ansieht: das haitianische Volk. In den meisten Fällen haben sich seine politischen Urteile und Voraussagen, auch wenn sie oft heftig geäußert worden waren, als richtig erwiesen. Freilich, so sagte er einmal: «Wer will sich schon mit dem Blut des Volkes bestätigen lassen, daß er recht hat?»

Seine Verleumder in den Basisgruppen haben schließlich eingesehen, daß die Rolle Aristides in der Bewegung zur Demokratie und nationalen Befreiung begrenzt, aber entscheidend war. In vielerlei Hinsicht steht er da für das Volk, soweit dies ein einzelner Mensch überhaupt kann. Seine Reaktion auf einen Plan, eine Strategie oder eine Verlautbarung entspricht wahrscheinlich der Reaktion der Leute im allgemeinen. Er scheint zum Beispiel immer zu wissen, und zwar nicht bloß infolge gründlicher Information, ob ein Streik etwas bringt oder nicht. Basisgruppen und Volksbewegung können ihre Schachzüge oftmals erproben, indem sie sie an Aristide vorbeilaufen lassen.

Das haitianische Volk schien auf seine Worte wie eine elektrische Ladung zu antworten. Ich habe sowohl im Ausland lebende Intellektuelle als auch hungernde Slumbewohner über ihn mit Hochachtung sprechen hören. Wenn ich sie nach den Gründen dafür fragte, hatten sie immer dieselbe Antwort: «P. Aristide spricht vor der Öffentlichkeit laut aus, was wir nur unter uns zu sagen wagen.» Oder noch einfacher: «Er sagt die Wahrheit.» Wegen der Angst, die das politische Leben in Haiti durchdringt, ist die Wahrheit über Jahre hin der seltenste Artikel auf dem öffentlichen Markt gewesen. Leute, welche die Wahrheit aussprachen, galten als mutige Menschen und wurden am meisten bewundert.

Es ist jedoch manchmal schwierig zu wissen, wer zuerst kommt – das Volk oder Aristide. Die beiden leben in einer politischen Symbiose: Aristide hört genau auf das Gemurmel des Volkes und antwortet darauf. Die Leute hören auf das, was er sagt, und antworten darauf. Er gibt zu, daß er das haitianische Volk auf die Straße bringen kann; er sagt aber auch, er könne es nur, «wenn das haitianische Volk sich bereits entschlossen habe, auf die Straße zu gehen». In schwierigen Tagen jedoch werden die Haitianer aus Armenvierteln wie La Saline oder Cité Soleil sich oft weigern, an einem Anlaß teilzunehmen, wenn Pè Titid ihn nicht unterstützt. Diese Symbiose erlaubte es den Verleumdern von Aristide – auch der kirchlichen Hierarchie – zu behaupten, er führe seine Zuhörerschaft in unannehmbare Richtungen. In Wirklichkeit führt in diesem komplizierten Beziehungsgeflecht niemand.

Im vorliegenden Buch spricht P. Aristide beredt davon, wie notwendig es ist, die Isolierung Haitis zu überwinden. Obwohl man Haiti immer als die ärmste Nation dieser Erdhalbkugel bezeichnet, haben seine Nachbarn in Lateinamerika wie in der Karibik dieses Land zu lange als Anomalie betrachtet. Im 17. Jahrhundert war es die reichste Kolonie, im 20. Jahrhundert der ärmste der unabhängigen Staaten. Haiti hat zwar eine außergewöhnliche Geschichte. 1791 war es Schauplatz des einzigen erfolgreichen Sklavenaufstandes in der Geschichte der Menschheit. Nach einem langwierigen und blutigen Krieg, vielleicht dem ersten nationalen Unabhängigkeitskrieg, wurde es 1804 zur ersten schwarzen Republik erklärt. Haiti kann die zweifelhafte Ehre beanspruchen, das erste Dritt-Welt-Schuldnerland gewesen zu sein (in den ersten Jahren nach 1800). Gewiß war die schwarze Republik mehr als ein Jahrhundert lang ein Paria in der Völkergemeinschaft, und sie ist sogar bis zum heutigen Tag wie ausgestoßen.

Haiti geriet teilweise wegen seiner Isolation in all die schlimmen

Fallen des Dritt-Welt-Schicksals und der Abhängigkeit. Jahrelang wurde das Land durch zivile oder militärische Diktaturen regiert, seine Arbeiterschaft wurde in gröbster Weise ausgebeutet, seine Wirtschaft ruiniert und seine politische Opposition bestochen oder zum Schweigen gebracht. In jeder Lebenssituation begegnet man der Korruption, und der internationale Drogenhandel hat die einladende Insel in einen Umschlagplatz für Kokain verwandelt.

Haiti wird immer mit den dunkelsten Worten beschrieben. «Es ist unmöglich, diese Nacht noch dunkler zu machen», schrieb Graham Greene über François Duvaliers Regime. Aber war Duvalier so stark verschieden von den anderen Diktatoren Lateinamerikas? War er ein schlimmerer Mörder als Pinochet oder Stroessner? War Haiti ein bösartigerer Polizeistaat als Guatemala, El Salvador, Argentinien oder Chile? Ich kenne das Ausmaß der Brutalität in Haiti und möchte sagen: Nein. Ist die Ungleichheit zwischen Arm und Reich in Haiti so viel größer als etwa in anderen lateinamerikanischen Ländern? Nein. Was sich in den Beschreibungen über Haiti – bezüglich seines politischen Systems, seiner religiösen Strukturen und gesellschaftlichen Gepflogenheiten – auswirkt, ist der Rassismus, und zwar ein Rassismus, der in den Jahrzehnten nach der schockierenden Revolution besonders ausgeprägt war, aber bis in unsere anständigeren Tage hinein unterschwellig immer noch da ist, auch wenn man nicht davon spricht.

Es gibt viele Gründe dafür, warum P. Aristide sich entschied, «In der Pfarrei der Armen» als Brief an seine Brüder und Schwestern in der lateinamerikanischen Kirche zu schreiben. Zunächst meinte er, daß sein Land langsam «aus der Nacht» auftauche und daß unter dem gegebenen politischen Klima Haiti alle nur mögliche Hilfe von den übrigen Ländern der Hemisphäre erhalten müsse, da diese ja nur zu gut Bescheid wissen über die Risiken eines Überganges zur Demokratie. Zweitens glaubte er, es sei wichtig, das internationale Publikum über die Attacken gegen die Befreiungskirche in Haiti aufzuklären. Es besteht ja bereits eine umfangreiche Dokumentation über die Gewalt gegenüber dem fortschrittlichen Klerus und den engagierten Laien in den anderen Teilen dieser Hemisphäre; Aristide wollte das haitianische Kapitel hinzufügen.

Vor allem aber motivierte ihn dazu seine zu einer Grundhaltung gewordene Entschlossenheit, Zeugnis abzulegen. Als Ausgestoßener in einer ausgestoßenen Nation sah er sich gedrängt zu beschreiben, was aus welchen Gründen aus Haiti geworden war, und ebenso, was aus Haiti werden könnte, wenn der Rest der Welt mit ihm Zeugnis ablegen würde. P. Aristide schreibt in seinem Brief von den alten Banden zwischen Haiti und dem übrigen Lateinamerika. Nicht viele wissen, daß einige von Bolívars Expeditionen durch Anführer der haitianischen Revolution finanziert wurden. Dieser geschichtliche Zusammenhang spricht von einer sehr alten Solidarität, die nur zu oft durch Politik und Rassismus getrübt war (sogar Bolívar verriet schließlich seine haitianischen Wohltäter), aber doch eine Grundlage darstellt, auf der man starke Bande für die Zukunft knüpfen könnte.

Wenn er diesen Brief an seine Brüder und Schwestern in der gesamten lateinamerikanischen Kirche schickt, bekräftigt P. Aristide dieses Band in einem zeitgenössischen Kontext. Er bittet um Unterstützung und um Schutz. Denn in seinem Brief «In der Pfarrei der Armen» informiert er nicht nur über die langen und bitteren Phasen der jüngsten Geschichte in Haiti. Indem er darin mitteilt, was geschehen ist und wiederum geschehen könnte, verteidigt er jene, die für einen Umschwung in Haiti gekämpft haben und immer noch kämpfen, gegenüber ihren eigenen schlimmsten Feinden. Ihre schlimmsten Feinde sind, wie P. Aristide oft betont, nicht die Soldaten oder die Duvalieristen oder die Tontons Macoutes, sondern vielmehr die Unwissenheit und das Abseitsstehen von Freunden und Nachbarn.

«In der Pfarrei der Armen» ist also ein Brief an Freunde und Nachbarn von jemandem, der eine unglückliche Geschichte zu erzählen hat. Es ist eine Geschichte, die Freunde und Nachbarn kennen sollten, eine Mahnung zur Vorsicht. Es ist eine Geschichte, deren Handlung nicht ganz neu ist für andere Aktivisten in der westlichen Hemisphäre, wie P. Aristide bemerkt. Aber die Intensität der Worte von P. Aristide und die Kraft seines Glaubens und Optimismus lassen uns hoffen, daß seine Geschichte sich nicht wiederholen muß, daß Haiti nicht ein Land ist, das zur Finsternis und Verdammung verurteilt ist, und daß unsere Hemisphäre nicht ewiger Unterdrückung ausgeliefert sein muß. In diesen dunklen Zeiten sind P. Aristides Mut, seine Überzeugung und die Reinheit seiner Stimme ein seltenes und notwendiges Geschenk. *Amy Wilentz*

In der Pfarrei der Armen

Brief an meine Brüder und Schwestern

– Alle meine Schwestern und Brüder, die schon so lange in den Pfarreien der Armen, auf dem Land und in den Elendsvierteln unserer gemeinsamen Hemisphäre gearbeitet haben;

– alle meine Schwestern und Brüder, die im Namen Jesu Christi für die Befreiung unseres Volkes gekämpft haben, gegen größte Ungerechtigkeiten und gegen die unerbittlichen Kräfte von Gewehren, Mitren und Geld;

– alle meine unermüdlichen Schwestern und Brüder, die sich gegen die Mißbräuche eines grausamen Systems mühten und einsetzten, jedes Risiko auf sich nehmend, das eine Frau oder ein Mann in dem kurzen Leben, das uns geschenkt ist, überhaupt auf sich nehmen kann:

Euch alle grüße ich von Herzen!

In einer dunklen Ecke unserer kleinen Welt nehme ich meine Feder zur Hand, um Euch zu schreiben. Die Lampe, die ich für diese Aufgabe an meine Seite gestellt habe, gibt zwar nur ein schwaches, aber ein beständiges Licht. Es wird stärker werden, während ich schreibe, denn es ist das Licht der Solidarität. Und während Ihr diesen Brief lest, wird das gleiche Licht auch an Eurer Seite stetig stärker, weil es das Licht der Solidarität ist, das uns Unterdrückten in den dunklen Ecken und Gassen unserer kleinen Welt leuchtet. Wenn wir dieses Licht hochhalten, werden wir nie vom Wege abkommen, obwohl unser Weg noch lang, mühsam und voll von Hindernissen ist: Barrikaden, Schüsse, Hinterhalte, Feuer und Tod.

Ich lebe in Haiti. – Eines Tages sah ich mitten in Port-au-Prince, der großen entwürdigten Hauptstadt, wo ich daheim bin, ein altes und verbeultes Auto, eine richtige Kiste, stocken und stottern und langsam anhalten. Der Treibstoff war ausgegangen. Das kommt in einem verarmten Land oft vor, wo jedermann und alle so arm sind, daß Esel und Pferde hungern und selbst die Autos versuchen müssen, mit nichts zu fahren. Der Fahrer stieg aus und schaute hilflos sein Auto an, das da mitten im Verkehr stecken geblieben war. Dann sah ich das Antlitz des Passagiers, es war eine Frau. Sie blickte durchs hintere Fenster mit Augen voller Tränen. Der Fahrer schaute sich um und sagte zu den vielen arbeitslosen Zuschauern, die immer herumstehen: «Sie wird ihr Kind noch hier gebären!» Er erzählte ihnen, daß er die Frau aus ihrem Haus geholt hatte, weil die Hebamme ihr nicht mehr helfen konnte. Die Schwangerschaft erwies sich als schwierig und die Frau mußte sofort ins Krankenhaus gebracht werden. Die Frau hinter dem Fenster weinte wieder. «Wenn wir nicht rasch ins Krankenhaus gelangen, muß sie sterben!» fuhr der Mann die Faulenzer an, «und ihr Kind auch!»

Die «Faulenzer» waren junge, arbeitslose, hungrige Männer, die nie Arbeit hatten und nie Arbeit haben werden, wenn mein Land so weitermacht wie in den letzten fünfzig Jahren. Sie schauten auf das Fahrzeug, hörten, was der Mann sagte, und sahen die Tränen der Frau. Sie richteten sich auf und ließen ihre Zigaretten zu Boden fallen. Ihre Augen leuchteten. Sie näherten sich dem Auto – und acht von ihnen stemmten sich dagegen und begannen, mit den Schultern zu stoßen. Der Fahrer steuerte, die Frau lag auf dem Hintersitz. Und so ging es die lange, staubige Straße entlang, um eine Linkskurve und dann weiter hinunter durch das grün-weiße Tor des städtischen Krankenhauses – und dort waren sie!

Da war die Kraft der Solidarität am Werk, die Erkenntnis, daß wir alle das gleiche Ziel anstreben. Und dieses Ziel heißt Vorwärtsgehen, Vorwärtskommen und einen neuen Lebenssinn in diese Welt bringen. Selbst wenn der Motor stillsteht, weil er keinen Treibstoff mehr hat, kann dieser neue Lebensweg in die Welt gebracht werden: die Solidarität! Aus Faulenzern wurde ein waches Volk. Der Fahrer sprach Worte, die sie aufweckten, und die Frau trägt auf dem Sitz des alten und verbeulten Wagens das neue Leben in sich, das neue Haiti.

(In meiner Geschichte – einer Geschichte, die man mir gab, damit ich sie lebe und Euch erzähle – in dieser Geschichte also gibt es eine andere Frau, die Geburtswehen durchlitt. Sie litt an Wunden und Schmerzen, um ein anderes Kind zu gebären, das unser Land Haiti darstellt, ein Kind, das wir «Hoffnung» nennen. Aber die

Geschichte dieser Hoffnung betrifft erst einen späteren Teil meines Briefes an Euch, liebe Schwestern und Brüder.)

Das Kind, das an jenem Nachmittag im Stadtspital geboren wurde, konnte leben, weil Haitianer solidarisch zusammenarbeiteten. Doch allein kann keine der südlichen Nationen, die im immer dunkleren Schatten des großen Staates im Norden weiterexistieren, eine neue Welt hervorbringen, das wißt Ihr nur zu gut. In Haiti zählen wir rund sechs Millionen Einwohner. Allein sind wir nicht zahlreich genug. Aber mit unseren Brüdern und Schwestern jenseits des Meeres, in Mexiko, in El Salvador, in Guatemala, in Belize, in Nicaragua und Honduras, in Costa Rica, in Panama, in Kolumbien und Venezuela, in Brasilien, in Ecuador, Guyana, Surinam und Französisch Guyana, in Peru, Bolivien, Paraguay, Uruguay, in Argentinien und Chile, also in allen südlichen Nationen, die sich mühsam entwickeln: mit ihrer Hilfe, mit Hilfe von Hunderten von Millionen Menschen werden wir siegen! *Venceremos!*

Laßt uns eines jeden Sprache sprechen, die Sprache der Sklaven und des einheimischen Volkes wie auch die Sprache unserer Kolonialherren: *Nous vaincrons!* Wir werden siegen! Wir werden Herr der Lage sein. Es ist Zeit, uns zu organisieren. *Formez vos bataillons!* Stellt Eure Bataillone auf![1] Laßt uns auf unserem Kontinent weiterhin zusammenarbeiten, wie wir ja schon begonnen haben. Es möge dies unser Motto sein, wie wir auf Kreolisch sagen: *Ansanm, ansanm, jis nou genyen batay la!* Zusammen, zusammen gewinnen wir den Kampf! Gott ist für die großen Bataillone. Laßt die neuen Kinder unserer Hemisphäre geboren werden! Schließen wir uns zusammen in Solidarität, damit ihre Geburt beschleunigt werde in Worten und Taten der Befreiung!

Wo liegt Haiti? – Für allzu viele von Euch, die auf dem lateinamerikanischen Kontinent leben, bleibt mein Land ein Geheimnis. Haiti ist eine kleine und dicht bevölkerte Nation, sechs Millionen Menschen leben auf 27 500 Quadratkilometern. Wir sind durch das Meer und durch die Geschichte voneinander getrennt, doch sind wir durch sie auch mit Euch verbunden. Port-au-Prince ist auch dort, wo Ihr seid, gleich wie Recife ebenfalls dort ist, wo ich bin; so

1 Aristide spielt auf das französische Revolutionslied an.

ist auch Lima, Santiago, Panama City, San Salvador und Medellín 1968 überall dort, wo wir sind. Wir sollten vor uns keine Geheimnisse haben.

Brüder und Schwestern, ich will darum den Schleier des Geheimnisses heben, der den wahren Charakter meines Landes vor Euch verdeckt. Laßt mich Euch durch die dunklen Winkel und Gassen Haitis führen, damit wir zu einem Ort gelangen, wo es hell ist. Der Weg dorthin ist lang, aber wir haben ja schon einen langen Weg hinter uns. Zusammen werden wir zum Licht gelangen, laßt mich jetzt Euer Führer sein. Später werdet Ihr mich führen.

Ich rede zu Euch von dunklen Winkeln und Gassen, und Ihr denkt vielleicht, ich spreche in Gleichnissen. Oder vielleicht sinnt Ihr über die dunklen Gassen Eures eigenen Landes nach. Dann wißt Ihr, daß ich über Dinge spreche, die es wirklich gibt.

Die dunkelsten Orte, die ich am besten kenne, sind die Armenviertel meines Landes. Die Kirche, wo ich gewöhnlich predigte, liegt am Rand eines solchen Slums, *La Saline* genannt, und in der Zeit, bevor ich weggehen mußte, wanderte ich oft durch La Saline und andere ähnliche Armenviertel. Sie breiten sich ja wie Pilze aus in einer Stadt, die schon jahrelang verstopft ist vom Abfall des tödlichen ökonomischen Giftes, das wir Kapitalismus nennen. In La Saline gibt es viele dunkle Gassen, Fußwege, die sich zwischen Reihen von Hütten hindurchschlängeln, welche aus Sperrholz, Kartonpapier und rostigem Blech zusammengebastelt sind. An einem heißen Tag wanderte ich durch eine dieser Gassen hinunter, einen selbst in der heißen, haitianischen Sonne dunklen Nebenweg, und am Ende stieß ich auf einem Vorplatz auf drei nackte Kinder. Sie wälzten sich in einem Dreckhaufen, der vom Regen der vorigen Nacht angeschwemmt worden war. Die neue Generation meines Landes! An einem anderen Tag schritt ich in der Dunkelheit unserer hellen Sonne eine weitere Gasse hinab und fand am Ende einen zweiten Durchgang, wo drei junge Buben in zerrissenen kurzen Hosen im Dreck spielten. Die neue Generation meines Landes! Wieder an einem anderen Tag begab ich mich eine andere Gasse hinunter und begegnete drei jungen Mädchen. Sie trugen gebrauchte Kleider, die von Töchtern der besseren Leute im Norden weggeworfen und von geschäftstüchtigen Mittelsmännern hierher gebracht wurden. Die Mädchen verkauften sich an irgendeinen

Mann für einen Dollar oder einen halben oder für noch weniger. Das ist die neue Generation meines geliebten Landes!

Es gab schließlich noch eine andere dunkle Gasse, die ich immer sah, wenn ich durch die Stadt wanderte. Sie lag auch in hellem Sonnenlicht, jedoch in einem besseren Teil der Stadt. Jeden Morgen konnte man sehen, wie sich diese dunkle Gasse neu bildete. Es war eine Reihe – eine Reihe, die sich vor jedem Tagesanbruch aufs neue formierte. Wo bildete sich diese Reihe jeden Tag von neuem? Es war draußen, vor dem Konsulat jenes großen Landes im Norden, das so viele, so lange und so dunkle Schatten auf unsere Hemisphäre wirft. Es war die «Visa-Schlange», ein langer, entmutigender Schwanz wie derjenige eines Hundes. Jedermann in dieser Reihe trug in den Händen einen großen Umschlag mit dem Röntgenbild seiner Lunge darin. Alle diese Haitianer – meine Generation! – suchen unser geliebtes Land zu verlassen. Und warum? Weil sie hier keine Zukunft haben und keine Möglichkeit zu leben sehen. Diese Leute jedoch, die das Geld für ein Visum und ein Flugbillet auftreiben konnten, um einen Platz in jenem großen, kalten Land im Norden zu ergattern – diese Leute sind die bestgeschulten aus Haitis kleiner Mittelklasse und den unteren Schichten: Handwerker, Ingenieure, Lehrer, Geschäftsleute, Krankenschwestern und Studenten. Sie alle stehen dort vor dem großen, weißen Konsulatsgebäude, bereit, ihre Lungen irgendeinem kaltlächelnden Beamten zu zeigen, der befugt ist, ihnen das Recht (!) zu gewähren oder zu verweigern, daß sie Haiti verlassen und in das große Land voller Schnee auswandern dürfen. Und dies nur, weil das Land voller Schnee meine Heimat dermaßen ausgebeutet hat, daß mein geliebtes Volk sich nicht mehr wohlfühlen kann in jenem Land, das man «die Perle der Antillen» nannte. Und so müssen selbst diejenigen auswandern, die nur ein Minimum an Wohlstand für sich selber suchen und für ihre Familien, die sie in Haiti zurücklassen.

Jene, die nicht in der glücklichen Lage sind, einen Arzt zu kennen, der von ihrer Lunge eine Röntgenaufnahme macht, oder einen Konsulatsbeamten, der sich ihres Falles wohlwollend annimmt, jene auch, die das Geld für ein Flugbillet nach Miami oder nach New York nicht haben: sie verlassen uns in kleinen Booten, die überfüllt sind mit den Armen meines Landes. Es sind Mütter mit ihren Kindern an der Brust, junge Männer, die nicht lesen und schreiben können, Bauern, die nur mit Hacke, Segel oder Fischernetz umgehen können. Diese mutigen Landsleute gelangen nie dorthin, wohin sie auswandern möchten. Wenn sie nicht im Sturm auf hoher See untergehen, werden sie zu Tausenden zurückgeschickt. Zuerst kamen sie einmal pro Jahr zurück, jetzt sind es Tausende jeden Monat. Die Männer, die sie zurückweisen, sind Beamte desselben kalten Landes im Norden, das die Visa denjenigen verweigert, deren Leben es ruiniert hat: die Vereinigten Staaten, ihre Küstenwache.

Coast Gard Cutter nennt sich das Küstenwachtboot, das jene Beamten steuern. Doch dieser Begriff tönt heute in Haiti wie eine neue Bezeichnung für den Tod mit seiner Sense. Wenn meine Landsleute vom Küstenwachtboot in ihr Heimatland zurückgeschickt werden, kauern sie zusammengepfercht auf dem Deck, ohne Geld und oft auch ohne ein Heim, wohin sie zurückkehren könnten. Alle ihre Ersparnisse haben sie ja zur Bezahlung ihrer mißlungenen Reise nach dem sagenhaften Miami aufgebraucht. Das ist meine Generation, das sind die Mütter und Väter von Haitis neuer Generation! Ich will sie zurückrufen, bevor sie ihre nutzlose Reise beginnen.

Aber wohin sollen sie zurückkehren? Wo sollen sie sich niederlassen? Ich sage ihnen: Kommt zurück und baut ein neues Haiti. Verschmäht den Komfort! Kommt zurück und lebt im Elend, aber baut einen neuen Weg. Von allen Leuten wißt Ihr, Brüder und Schwestern, am besten, wie man einen neuen Weg sucht, wenn alle, die daran arbeiten, im Elend leben. Ihr habt gesehen, wie die Menschen von Rio de Janeiro in den Abfallhaufen nach Nahrung wühlen, und Ihr habt sie in den Armenvierteln von Panama City hungern sehen. Ihr wißt, wie hart es ist, auf einem Abfallhaufen eine Utopie zu verwirklichen. In der Tat, es ist hart, dort für einen armen Mann eine angemessene Wohnung zu errichten. Aber das ist alles, was wir verlangen: ein anständiges Heim für die Armen, keine Korruption mehr, kein aufgezwungenes Elend und keine Kinder mehr, die in den Kloaken baden.

Aus diesem Grunde bitte ich meine Landsleute zurückzukehren: um das Land aufzubauen! Es ist nicht sehr viel, es bedeutet keine Riesenarbeit, für die Armen ein anständiges Heim zu realisieren. Dennoch scheint dies in meinem Land und auch bei Euch ein Ding der Unmöglichkeit zu sein. Aber wir leben in einem verdorbenen System, das uns zum Aufstand geradezu zwingt, wenn wir für jedermann täglich wenigstens einen Teller voll Reis und Bohnen verlangen wollen.

Ich rede hier von einem Haiti, wo die Leute sich am Nachmittag – jeden Nachmittag! – gegen drei oder vier Uhr um einen großen dampfenden Teller voll Reis und Bohnen setzen können. Von so etwas träume ich wirklich. Dies wäre ein friedliches Land. Doch heute ist unser Land friedlos, weil es die Leute an vielen Orten nicht einmal zu einer einzigen warmen Mahlzeit pro Woche bringen. An vielen anderen dunklen Orten im Land arbeiten Männer und Frauen den ganzen Tag in ihren trockenen Feldern, und sie besitzen als Mahlzeit nur einige Bananen. Sie hocken am Boden und essen mit den Fingern, weil sie sich keine Gabel leisten können. In den dunklen Orten der Provinzstädte wandern sie halbe Tage lang zum Markt; dann sitzen sie den ganzen Morgen dort, um ihre Ware zu verkaufen. Sie verdienen vielleicht ein paar Rappen und haben ein paar Bananen zu essen oder ein bißchen Maniok, Reis ohne Bohnen oder ein wenig Mais.

Während der Bauer mit den Fingern seinen Maisbrei ißt, sitzen gleichzeitig auf einem Hügel hoch über meinem sterbenden Port-au-Prince Männer und Frauen an den Tischen und essen Filet, Pasteten und Kalbfleisch, das aus Übersee eingeflogen wird. Die Reichen bilden nur einen kleinen Prozentsatz unseres Volkes. Sie sitzen an großen, weißgedeckten Tischen, die überladen sind von guten Speisen, während der Rest meiner Landsleute sich hungernd unter dem Tisch zusammendrängt, über und über mit Schmutz bedeckt. Eine solche Situation ist gewalttätig, denn eines Tages wird sich das Volk unter dem Tisch mit Recht erheben, den Tisch der Privilegien umstoßen und sich nehmen, was ihm rechtmäßig gehört. Brüder und Schwestern, es ist unsere Aufgabe, ihnen beim Aufstehen zu helfen, damit sie als menschliche Wesen leben können. Das ist es, wofür wir in all diesen Jahren in den Armen-Pfarreien gearbeitet haben.

Ich habe Euch von den dunklen Gassen und von den langen Reihen jener geschrieben, die sich um ein Visum bewerben, und von den Booten, die Haiti verlassen. Laßt mich jetzt von einer anderen Art

Reihe erzählen, die wir kürzlich in Haiti gesehen haben. Ihr habt sie ja auch, diese Reihen, Ihr in El Salvador, in Chile und in Panama. Ich meine die Reihe der Wähler, die zur Urne gehen. Am 29. November 1987 sah man diese Wähler-Reihen in jeder Pfarrei meines Landes wie ein Zeichen der Hoffnung. Und dann? Nichts oder schlimmer als nichts. Erinnert Ihr euch? Habt Ihr erfahren, was mit unseren Wähler-Reihen geschah?

Unsere Regierung, nach wie vor eine Militärdiktatur, unterstützt von Vertretern der Vereinigten Staaten, ermutigte das haitianische Volk, sich in eine Reihe zu stellen und zu wählen. Und das Volk kam: Mütter, Großmütter, Väter, Onkel, Töchter, ja ganze Familien standen an. Die Ordnungskräfte wollten, daß wir wählen und damit im Ausland den Eindruck erweckten, wir wären eine glückliche und friedliche Demokratie. Nachher könne man mit der Ausbeutung und der Korruption weiterfahren wie zuvor. Doch sogar dieser heuchlerische Demokratie-Versuch war zu viel für die haitianischen Behörden. An unserem ersten Wahltag – ich hoffe, Ihr erinnert Euch an ihn – kam die Armee Haitis (die eigentliche Regierung!) mit ihren Komplizen und schlachtete die Wähler ab, die in Reihen vor den Wahlbüros warteten, um ihren Präsidenten zu wählen.

Bald nach dieser Erfahrung von Tod und «Demokratie» hatten wir den Wahlgang zu wiederholen, wiederum aufgefordert von der Militärdiktatur und den Vereinigten Staaten. Die Wähler in den Reihen waren diesmal bezahlte Agenten der Diktatur, und der Mann, den sie wählten, stellte eine Marionette dar, mit dem die Vereinigten Staaten zusammenarbeiten konnten, wie sie sagten. Aber schon bald war die Regierung Haitis mit dem Mann nicht mehr einverstanden, das Militär griff wieder ein, um sich seiner eigenen Marionette zu entledigen.

In jenen dunklen Zeiten fragten wir uns täglich: Was ist eine Demokratie wert, wenn die Leute hungern? Wie könnt Ihr einem Wähler trauen, wenn er für den stimmt, der ihm Geld gibt, damit er an jenem Abend seine Kinder ernähren kann! Hungernde Menschen gehen doch schon wählen für einen Teller Reis, ein Glas Schnaps oder eine Büchse Kondensmilch!

Sie werden noch viel Dümmeres tun für eine Flasche Schnaps und sieben Dollar. Aber das, wie auch die Geschichte von jenem Kind, das wir Hoffnung nennen, ist einem späteren Teil des Briefes vorbehalten. Ihr müßt zuerst den Anfang der Geschichte kennen, bevor Ihr deren Ende verstehen könnt. Ihr müßt die Sprache lernen, bevor Ihr das Anliegen begreifen könnt. Ihr müßt die tiefsten Wurzeln des Baumes von der harten Erde befreien, bevor Ihr ihn herausheben könnt.

Ich lebe in Haiti. – Hört auf den Anfang unserer Geschichte. Die haitianische Geschichte ist nie leicht gewesen. Wir sind eine Nation von Sklaven, die sich gegen die Kolonialherren erhoben und eine Revolution entfachten. Im Jahre 1804 trennten wir uns von Frankreich und beendeten dadurch die Ausbeutung der schwarzen Sklaven durch die weißen Herren. Die haitianischen Sklaven setzten die Befreiung von ganz Lateinamerika in Gang. Tatsächlich erhielt der Befreier, Simon Bolívar, nach seiner Verbannung aus Venezuela zweimal Waffen und Unterstützung von Alexandre Pétion, unserem dritten freien Führer. Im Jahre 1815 verschaffte er Bolívar Schießpulver, Gewehre und eine Druckmaschine, damit er die Bevölkerung zum Befreiungskampf aufrufen konnte. Pétion rüstete um 1816 Bolívar wiederholt aus. Als Entgelt für die Unterstützung verlangte Pétion von Bolívar die Befreiung der Sklaven, wo immer er die Spanier in die Flucht schlage. In Anerkennung der von Haiti erhaltenen Hilfe erhielt Pétion von Bolívar ein massives zeremonielles Schwert, obwohl letzterer seinen haitianischen Freunden nicht immer die Treue gehalten hatte.

Während Haiti die Befreiung in ganz Lateinamerika unterstützte, taten sich daheim Korruption und Habgier zur Unterdrückung der Bevölkerung zusammen – genau so wie seinerzeit die beiden gleichen Übel unsere Sklaven-Ahnen unterdrückt hatten. Tönt dies in Euren Ohren nicht allzu bekannt, Brüder und Schwestern? Schwarze Herren mit Beziehungen zu weißen Regierungen erwiesen sich ebenso herzlos wie früher ihre weißen Vorgänger! Hat sich dies nicht in allen unseren Nationen ereignet? Unsere Führer gewannen die Freiheit nur, um ihrerseits die Leute zu unterdrücken, die für sie gekämpft hatten. Welche unserer Nationen hatte seit der Erreichung ihrer Unabhängigkeit nicht eine beklagenswerte Geschichte? Und in der heutigen, modernen Welt steht es kaum besser. Laßt uns nicht nur von Haitis schmachvollem Duvalier sprechen, sondern auch von Somoza, Peron, Pinochet,

Stroessner, von D'Aubissons ARENA-Partei in El Salvador. Diese Männer sind nicht etwa einmalig in ihrer jeweiligen nationalen Geschichte, sondern sie repräsentieren nur die letzten in der langen Reihe von Diktatoren, sie sind Produkte der alten, kolonialen und imperialistischen Zeit.

Zusammen können wir, Ihr und ich und alle unsere Brüder und Schwestern in Lateinamerika, wie Pétion und Bolívar etwas tun und dafür sorgen, daß Somoza und Peron, Pinochet und Stroessner die letzte Generation jener langen Reihe von Diktatoren sind. Es wird nicht leicht sein, denn selbst wenn ein Herrscher gestürzt ist, wirkt sein Geist immer noch unter uns nach. Heute haben wir Duvalieristen ohne Duvalier. In Argentinien habt Ihr Peronisten ohne Peron. In Nicaragua trachten die Anhänger Somozas immer noch danach, wieder an die Macht zu kommen. In El Salvador ist die ARENA schon am Ruder.

Es ist Zeit, das blitzende Schwert Bolívars, dessen Spitze von Euren bis zu unseren Küsten reicht, nutzbringend zu gebrauchen. Nur zu unserem größten Schaden vergessen wir die geschichtliche Verbindung unserer Völker und unser gemeinsames Geburtsrecht. Wenn wir unsere Erinnerungen vergessen, werden wir jenem alten Mann ähnlich, der seine Freunde und Brüder nicht mehr kennt, wenn sie ihn besuchen, und der statt dessen sein prächtiges Erbe sterbend seinen Feinden hinterläßt. Meinen Brief an Euch erachte ich als eine Frucht unseres gemeinsamen Erbes. Dieser Brief ist wie ein Merkblatt aus der haitianischen Druckerei des Befreiers. Es soll alle ermutigen, Bolívars scharfes Schwert der Freiheit zur Hand zu nehmen. Laß uns Pétion und Bolívar nicht vergessen! Laßt uns das wenige, das uns noch von ihrem kostbaren Vermächtnis bleibt, nicht vergeuden!

Wo werden wir inmitten der dunklen Ecken und Gassen das blitzende Schwert Bolivars suchen? Ich weiß wo, und auch Ihr, Brüder und Schwestern, wißt wo. Laßt uns in den Pfarreien der Armen suchen. Laßt uns die dunklen Gassen hinunterschauen, durch welche ich euch geführt habe. Laßt uns an den im Dreck badenden Kindern vorbeigehen, vorbei an den jungen und halbnackten Knaben, die mit Marmeln spielen, und vorbei an den drei jungen Mädchen, die versuchen, uns ihre Körper zu verkaufen. Gehen wir noch etwas weiter. Vorsicht, da gibt es Schlamm und Kot. Haltet euch an meiner Hand!

Es wird Nacht, aber dort drüben sehe ich ein Licht leuchten, drüben im kleinen Schuppen mit den geschlossenen Türen. Seht Ihr das schwache Licht durch die Spalten im Sperrholz schimmern? Gehen wir hinein!

Der winzige Raum im kleinen Schuppen ist voll von jungen Leuten; es gibt aber auch einige, die nicht mehr so jung sind. Es ist heiß. Eine junge Frau im Hintergrund leitet die Diskussion. Was sagt sie? Sie redet von *Libète* (Freiheit), von *Dwa moun* (Menschenrechte) und *Teyoloji Liberasyon* (Befreiungstheologie). Ein Topf voll von heißem Reis und von Bohnen wird verteilt; jeder Anwesende hat dazu beigetragen. Was für ein Ort ist das, was für eine Gruppe? Warum findet sie sich im spärlichen Licht einer schwachen Glühlampe zusammen, um über Freiheit zu reden? Ihr wißt so gut wie ich, worum es geht, Brüder und Schwestern. Dies ist eine kirchliche Basisgemeinde. In Haiti nennen wir sie *Ti kominote Legliz*, Kleine Gemeinschaften der Kirche. Solche Gruppen könnt Ihr in ganz Lateinamerika finden, es gibt deren mehr als 300 000 auf unserer Hemisphäre. Ich arbeite mit ihnen zusammen, und das tut auch Ihr, Brüder und Schwestern.

In Haiti wie auch in vielen von Euren Ländern sind heute diese kleinen und geisterfüllten Gemeinschaften in Gefahr, und zwar von seiten des Staates, aber auch von seiten der kirchlichen Hierarchie. Die Geschichte, die ich euch erzählen möchte, zeigt, wie diese Mächtigen sich gegen die Basisgemeinden zusammengetan haben. Meine Geschichte deckt sich mit der Geschichte der Basisgemeinden. Sie sind in Haiti bedroht, bekämpft, geschlagen und gegeißelt worden. Aber sie widerstehen! Sie arbeiten und versammeln sich immer noch und versuchen, für den armen Mann auf dem großen Schutthaufen ein anständiges Haus zu bauen. Lassen wir sie bei ihrem Reis und ihren Bohnen in der Hoffnung, daß sie heute Nacht erneut in Frieden arbeiten und essen können und daß die Soldaten sie nicht aufstöbern und verhaften oder auf sie schießen.

Ich möchte Euch zurückführen auf die Marktplätze auf dem Land. Es wird dunkel, die Frauen tragen schon die Körbe auf ihrem Kopf und begeben sich auf den Heimweg in ihre kleinen Dörfer, wo sie, wenn's gut geht, mit ihren Kindern vor dem Schlafengehen noch etwas Bananensuppe zu sich nehmen. Aber – was für ein Licht ist das in der kleinen Hütte dort drüben? Seht Ihr das schwache Licht durch den Spalt der Türe jener Schlammhütte? Gehen wir hinein!

Drinnen ist es heiß, und die Hütte ist voller Menschen. In einer Ecke scheint eine Laterne und in einer anderen brennt eine Kerze. Wer sind diese Männer mit ihren rohen Händen und ihren rostigen Buschmessern? Wer sind jene Frauen mit ihren Marktkörben auf dem Schoß? Was für Worte erhaschen wir da? Worte, die sie aus Furcht vor den Spionen der Armee nur flüstern? Es sind Worte der Freiheit (*Libète*), der Menschenrechte (*Dwa moun*), der Bürgerrechte (*Dwa abitan*), der Landreform (*Refòm agrè*). Ihr wißt so gut wie ich, wer diese Leute sind, Brüder und Schwestern. Sie gehören zu einer Arbeitsgruppe von Bauern. Jeden Tag arbeiten sie zusammen auf ihren Feldern und versuchen, mit geeinten Kräften, die Ausbeutung der Bauern durch die großen Landbesitzer zu stoppen. Manchmal haben sie Erfolg, manchmal nicht. Manchmal werden sie durch die Ordnungskräfte bestraft. Die Geschichte, die ich Euch erzählen möchte, ist die Geschichte des Kampfes jener Ordnungskräfte gegen die bäuerlichen Arbeitsgruppen. Meine Geschichte, die Geschichte meines Lebens, deckt sich mit dieser Geschichte. In Haiti wurden diese Arbeitsgruppen bedroht, bekämpft, aus ihren Häusern verjagt, geschlagen oder niedergemetzelt. Aber sie trotzen immer noch, sie arbeiten zusammen, und sie reden und versuchen immer noch, für den armen Mann auf dem großen Abfallhaufen einen anständigen, kleinen Acker anzupflanzen. Während all diesen Jahren haben wir mit ihnen zusammengearbeitet, meine Brüder und Schwestern.

Schaut Euch ihre Buschmesser an. Sie sind rostig und die Griffe schmutzig. Die Bauern lassen ihre Messer an ihren Schultern hängen, wenn sie nicht auf den Feldern arbeiten. Aber täuscht euch nicht, ein Buschmesser ist in jeder Situation nützlich. Diese rostigen Messer sind lang und scharf. Sie erinnern mich an Bolívars Schwert.

In meinem Land gibt es noch andere schlecht beleuchtete Räume, wo die Leute sich versammeln, um ein neues Leben zu organisieren. Es gibt Jugendgruppen, Frauenvereine und Vereinigungen von Arbeitslosen. Es gibt Gewerkschaften und Organisationen von

Journalisten. Es gibt Menschenrechtsgruppen, berufliche Zusammenschlüsse und nachbarliche Wachtbrigaden.

In jener trüben Zeit, als die Regierung meines Landes besonders bösartig war, als Basisgemeinden im Land physisch angegriffen und in Jean-Rabel über zweihundert Mitglieder einer bäuerlichen Bewegung umgebracht wurden – in jener trüben Zeit sprach ich zu den Leuten dieser Gruppen und zu allen meinen Landsleuten in den vier dunklen Ecken unseres Landes. Damals zitierte ich Worte Jesu, und heute erinnern sie mich an Bolívars Schwert.

Ich las beim Evangelisten Lukas: «Wer kein Schwert hat, soll seinen Mantel verkaufen und sich eines beschaffen» (Lk 22,36). Mit diesen Worten des Evangeliums drängte ich meine Landsleute, sich gegen die Angriffe des Militärs und der paramilitärischen Kräfte zu verteidigen. Ich habe sie gedrängt, sich zu wehren gegen die teuflischen, skrupellosen und satanischen Kräfte, die sich gegen sie verbündeten, gegen die Kräfte, die sich vereinten, um die wenigen kleinen Lichter der Solidarität auszulöschen, deren Flamme wir in all diesen Jahren gepflegt hatten.

Die Regierung – ich meine damit die militärischen und paramilitärischen Kräfte – nahm dieses Wort Jesu gar nicht gut auf. Der Informationsminister behauptete, ich hätte den bewaffneten Aufstand gepredigt. Immer heftiger, bösartiger und gewaltsamer wurde die Kampagne gegen mich und gegen alle, die mit mir arbeiteten, gegen die kirchlichen Basisgemeinden, gegen die Bauernbewegungen, gegen die Wachtbrigaden und gegen so viele Kameraden, die ich nicht kenne, die aber auf unserer Seite stehen. Mehr als zweihundert Menschen mußten schon sterben, und noch weit mehr wurden während dieser Kampagne gefoltert. Wie alle von euch, Brüder und Schwestern, habe ich in diesem langen und bitteren Kampf Freunde verloren. Das Blut dieser geliebten Märtyrer macht den Kampf nur wertvoller und das ferne Ziel erstrebenswerter. Schon ihretwegen dürfen wir den Weg zur Freiheit, den wir mit dem Schwert der Solidarität durch den Dschungel schneiden, nicht aufgeben.

Laßt mich euch meine Geschichte erzählen! Ich will versuchen, kurz zu sein, obwohl es eine lange Geschichte ist – eine traurige Geschichte, deren Ende noch nicht abzusehen ist. Es ist eine

Geschichte vom Reden und vom Glauben, von einer gefährlichen und vom Tod begleiteten Reise, von einer großen Zusammenkunft und einem Massaker. Es ist eine Geschichte der Verbannung und des Ungehorsams. Und vor allem ist es nicht nur meine Geschichte, sondern die Geschichte meines Volkes. Es ist die Geschichte unseres Willens zu überleben, aber auch die Geschichte der feindlichen Kräfte: der Militärmacht, der Ausbeutung von außen und der riesigen Summen von angehäuftem Kapital.

Meine Geschichte ist eine Geschichte mit Licht und Schatten. Das Licht ist dasjenige der Solidarität; und dieses kleine Licht wird immer stärker, trotz der dunklen Wolken, die es bedrohen. Es scheint durch die Wolken hindurch und leuchtet vielen meiner kämpfenden Brüder und Schwestern und – wenn Ihr genauer hinschaut – auch vielen Übeltätern. Meine Brüder und Schwestern stehen aufrecht in jenem Licht, sie haben keine Angst. Aber die Übeltäter rennen davon und verstecken sich im Finstern. Sie hoffen, daß die Dunkelheit ihnen Schutz und Deckung bietet für weitere Verbrechen, damit sie fortfahren können, uns weiterhin zu unterdrücken.

Mit dem Licht der Solidarität, dem Licht des Lebens, das über ihnen scheint (in Wirklichkeit jedoch aus ihnen hervorleuchtet), schauen meine Brüder und Schwestern den Übeltätern traurig zu, wie sie ihr unsauberes Gewerbe betreiben. Aber meine Brüder und Schwestern haben keine Angst, und ihr Mut wird nicht kleiner angesichts der Brutalität der anderen. Ihr Mut wird eher größer, während sie immer mehr im Licht des Lebens Wege suchen, um die Schatten zu bekämpfen, um die dunklen Winkel zu erleuchten und um in die Dunkelheit Licht zu bringen. In ihren Händen halten sie das Licht der Solidarität, der Gerechtigkeit und der Freiheit, das Licht der Würde und Achtung. Meine Brüder und Schwestern suchen den Weg so, wie Funklichter des Lebens entlang einer mitternächtlichen Landstraße leuchten. Der Weg führt sie zum Geheimnis, das ihnen erlauben wird, die Schatten zu verscheuchen, wo die Übeltäter sich verstecken und darauf warten, noch mehr Böses zu tun.

Meine Geschichte und die Geschichte meiner kämpfenden haitianischen Brüder und Schwestern ist auch Eure Geschichte, Brüder und Schwestern. Hört zu, und dann sagt mir nicht, daß Ihr Euch selbst darin nicht wiedererkennt, Eure lieben Brüder und – ja! – auch Eure Feinde und Übeltäter, alle diese Gestalten in der Geschichte meines und Eures Lebens. Sie alle leben in einem Land von Dunkelheit und Schatten, wo es aber auch Licht gibt.

Das Verbrechen, dessen man mich anklagt, ist das Verbrechen, um Nahrung für alle Männer und Frauen zu predigen! Gemäß den Behörden hier und in Rom ist dies gleichzusetzen mit einem Aufruf zu Revolution und Krieg. Ich frage aber: zu welchem Krieg?

Die Geschichte hat bestätigt, daß es gerechte Kriege gibt. Dieser Krieg, den anzuzetteln man mich beschuldigt, ist ein vermeidbarer Krieg! Ich und alle Männer und Frauen, die sich um den Frieden und das Wohlbefinden unserer Pfarreiangehörigen sorgen, möchten diesen Krieg vermeiden. Die Leute, die am großen Tisch essen, könnten ihn vermeiden, wenn sie wollten, und zwar ganz einfach durch den brüderlichen Akt des Teilens: durch das Teilen des Besitzes, das Teilen der Macht und das Teilen des Brotes mit ihren Brüdern und Schwestern. Aber diese Leute – und unter ihnen gibt es auch Bischöfe! – wollen letztlich gar nicht, daß es den Pfarreiangehörigen besser geht. Sie suchen eher ihr eigenes Wohl und das Wohl jener, die am großen Tisch sitzen. Sie erinnern mich an die Pharisäer, die das Äußere des Bechers und der Schüssel reinigen, ihr Inneres aber voll Gier und Bosheit lassen (Lk 11,39). Wenn sie nicht brüderlich mit jenen teilen wollen, die sie vor aller Welt Brüder und Schwestern nennen, dann müssen sie die Konsequenzen tragen. Sie müssen die Tatsache akzeptieren, daß sie es sind, die diesen Krieg befürworten, und nicht ich oder meine Kollegen!

In meinem Leben habe ich an manchem Kampf teilgenommen, aber in keinem habe ich so sehr gelitten wie im Kampf innerhalb der Kirche, wo die vorrangige Option für die Armen in unserer Pfarrei ohne jedes Verständnis zutiefst in Frage gestellt wird. Es gibt unter uns diejenigen, meist jüngere und eifrigere Befürworter einer Veränderung, die meinen, daß diese Option total, unerbittlich und kompromisslos sein sollte. Es gibt aber auch andere, graue Häupter, die sich in der jetzigen Situation wohl fühlen und die nichts dagegen haben, sich mit den Mächtigen zu arrangieren, die am großen Tisch sitzen. Kollaboration und Kompromisse mit diesen, so meinen sie, seien durchaus gültige Möglichkeiten, die Option für die

Armen zu interpretieren. Ich bin sicher, daß der Weg des totalen Einsatzes der richtige ist, aber vielleicht werden Zeit und Leben mich ändern. Ich zweifle zwar daran.

Oft fürchte ich, daß jene katholischen Hierarchen, die an Kompromisse glauben, diese lieber nur in einer Richtung eingehen, also zugunsten der Mächtigen. Sie wollen keine Kompromisse schließen mit denjenigen in unserer Kirche, die eine andere Sicht von der Rolle unserer Kirche haben. Sehr oft, wenn wir von der *Ti Legliz*, der Kleinen Kirche, wie die Kirche der Befreiung in Haiti heißt, in Schwierigkeiten sind und den Rat unserer älteren Brüder in der Hierarchie brauchen, lehnen sie eine Begegnung mit uns ab; sie weigern sich, mit uns zu sprechen. Das schafft Uneinigkeit, Uneinigkeit aber ist nicht gut für die Kirche und für Haiti.

Oft fürchte ich, daß das kalte Benehmen unserer älteren Brüder von einem anderen Menschen beeinflußt ist, der in einem fremden Land lebt, nicht in seinem eigenen, von einem Menschen in langen, weißen und wallenden Gewändern, der als Gleichgestellter neben dem von der Kirche geliebten gelb-weißen Banner steht. Ihr wißt schon, wen ich meine, Brüder und Schwestern.

Dieser Mann in Rom ist unser Bruder in Jesus Christus. Er ist den Armen in Haiti und jenen von uns in der Kleinen Kirche ein Bruder. Ich wünsche ihm alles Gute in seinem Leben und in seiner heiligen Aufgabe. Ich ehre und liebe ihn wie alle meine Mitmenschen. Aber er erwidert meine Liebe nicht, Brüder und Schwestern. Wir alle wissen, daß Liebe jenem Ideal am nächsten kommt: es ist Jesu Liebe zu seiner Kirche, und es ist die Liebe der Kirche zu Jesus, wenn sie erwidert wird.

Während ich in den drei vergangenen Jahren versucht habe, mein Leben zu führen, hat mir eine Frage viel Kopfzerbrechen bereitet: «Warum liebt mich dieser Mann nicht?» Wie kann er mich nicht achten und beschützen, so wie ich es für ihn tun möchte? Warum will er mich vom geliebten Herzen unserer heiligen Familie, der Kirche wegweisen? Wie kann mich mein Bruder nicht lieben, wenn ich ihn doch so rein und leidenschaftlich liebe wie meine Familie, die Kirche?

Weil ich so lange und so viel gelitten habe, um diese Liebe rein zu bewahren, schreie ich nun wie ein zurückgewiesener Liebhaber. Ich leide an den tiefen Wunden einer unerwiderten Liebe. Das ist ein persönliches Leid, das Leid eines aus dem Herzen der Mutter verbannten Sohnes. Vielleicht spreche ich später darüber, aber es ist nicht leicht für mich, über dieses Thema zu schreiben. Lassen wir es also.

Schauen wir nicht auf mich, sondern auf ihn, meinen Bruder, der mich aus seiner Gemeinschaft ausstoßen möchte. Laßt uns das kleine Licht unserer schwachen Lampe der Solidarität auf ihn richten. Laßt uns sein Antlitz prüfen. Es ist ein gütiges und väterliches Gesicht, aber laßt uns den Mann sehen, wie er wirklich ist. Das ist oft eine schwierige Aufgabe. Können wir unsere Mutter so sehen, wie sie ist und wie die anderen sie sehen? Können wir unseren geschätzten Bruder, unseren lieben Sohn und unsere fröhliche Tochter so sehen, wie andere sie sehen? Wenn wir lieben, ist unsere Sicht durch unsere Zuneigung verdunkelt. Wir brauchen das Licht unserer kleinen Lampe, das uns hilft, den Gegenstand unserer Liebe richtig zu sehen.

Laßt mich dieses Licht auf das Gesicht jenes Mannes, meines geliebten Bruders, richten, der in Rom lebt. Wer ist dieser Mann in Wahrheit? Was ist seine Familie, die Kirche, der er vorsteht, in Wahrheit? Laßt uns ehrlich und klarsichtig sein. Die Kirche ist ja der Tradition gemäß die Familie Gottes, und dieser Mann ihr berufener und gesalbter Führer. Dies ist *eine* Wahrheit, das heißt, ein Teil der Wahrheit. Ja, dieser Mann ist von seinen Mitbrüdern gewählt, dann gesegnet und als unfehlbar gesalbt worden. Auch das ist ein Teil der Wahrheit. Sein Wort und das Wort seiner Bischöfe sind lebenswichtig für die kirchliche Doktrin. Das ist wahr. Von ihm aus als dem Zentrum erstreckt sich alle Gewalt innerhalb der Kirche über die ganze Welt; das ist auch wahr. Und doch muß ich mich daran erinnern, und meine kleine Lampe hilft mir dabei, daß auch er nur ein einfacher Mensch ist, ein Mensch, der seine Arbeit tut.

Ah, meine kleine Lampe! Mit ihrem Licht der Solidarität leuchtet sie in die dunkelsten Ecken all dieser schwierigen Fragen. Einfach ein Mensch, der seine Arbeit tut, seinen Job verrichtet ... Jetzt kann ich ihn klarer sehen. Was ist das Musterbeispiel für einen Papst in der säkularisierten Welt von heute? Ich frage mich selber. Warum? Es wird alles klar. Alle Schatten um ihn, der Rauch und die Spiegel, fallen weg. Wer ist dieser Mann? Er ist der Präsident eines multinationalen Unternehmens. Und was ist die Aufgabe des Präsidenten eines multinationalen Unternehmens? Er soll die internationalen Interessen dieser Gesellschaft schützen, den Fortbestand ihrer Existenz sichern, ihre Beamten vor Zwietracht in den Reihen der Angestellten und der Aktionäre schützen und – soweit der Einfluß des Unternehmens reicht – ein Produkt schaffen, das der Konsument kauft. Seine Tätigkeit muß die Leistungsfähigkeit, den Weiterbestand und den Ertrag sichern und gleichzeitig den *status quo* in der Gesellschaft garantieren. Ich denke, daß dies eine gute Arbeitsbeschreibung für den Mann ist, der in Rom lebt. Und ich bin nicht der einzige, der so denkt. Außerdem haben er und seine Kollegen eine geheime Waffe, derer sich keine andere Gesellschaft rühmen kann. United Fruit besaß diese Waffe nie, auch nicht Gulf & Western oder die National City Bank. Es ist die Waffe des Glaubens, des überlieferten Glaubens des Volkes – des Konsumenten – an das Wort der Kirche. Der Mann in Rom und seine Mitarbeiter sind fähig, ihre Unternehmenspolitik in das stolze Gelb und Weiß der Kirche einzuwickeln. Sie können erfolgreiche Aktionen starten und mit wunderbaren Worten aus der Bibel verschönern. Sie können ihre Beamten einkleiden und sie rundum in der Kirche als Männer Gottes zur Schau stellen. Sie können die Methoden der United Fruit, von Gulf & Western und der National City Bank, alles internationale Gesellschaften wie die Kirche und mit den gleichen Interessen, übernehmen und mit ihren eigenen zusammenbinden. Dieses Paket nennen sie dann Wahrheit.

Aber wehe dem Käufer! Werden die Leute dieses Paket kaufen? Wohl nicht mehr lange. Die verschiedenen Kämpfe der Armen überall in der Welt um wirtschaftliche und politische Freiheit sowie das Anwachsen des einheimischen Klerus und der engagierten Laien (die Kleine Kirche und Ihr, meine Brüder und Schwestern!), haben die Leute des gelb-weißen Paketes überdrüssig gemacht.

Wir müssen wirklich vorsichtig werden. Wir von der Kleinen Kirche müssen einen Weg aushandeln, der zwischen der Politik dieses Unternehmens und dem Weg der Frohen Botschaft, den wir als gerecht und ehrlich erachten, hindurchführt. Wir dürfen uns nicht verleiten lassen, mitzumachen und zu beschwichtigen, sondern sollen standhaft auf der Seite der Armen bleiben. Und doch – unser Daheim ist in der Kirche. Wenn wir nicht lieben, was wir in der Kirche zu sehen bekommen, dann müssen wir hart arbeiten, um etwas zu ändern, arbeiten auf eine Art und Weise, die wir als richtig erachten. Wir müssen sicher sein, daß wir den Armen ein anständiges Haus – unsere Kirche – bauen, in unserer Pfarrei, ihre einzige wahre Nachbarschaft. Wir selber müssen die Arbeiter sein, wir, die Leute vom Armenviertel, die Bauern, die Marktfrauen, die Straßenkinder der Kirche. Wir müssen von Morgen bis zum Abend arbeiten, damit unser Heim heller, sauberer und glücklicher werde.

Wir dürfen niemals bloß Vorarbeiter, durchschnittliche Manager, Assistenten oder stellvertretende Verwalter werden, weil man einem mittelmäßigen Management das Los der Arbeiter nicht anvertrauen kann. Doch genau das ist in Haiti passiert: Die mittelmäßigen Verwalter und Beamten der Kirche sind nicht nur vor den Arbeitern davongelaufen, sondern waren auch bestrebt, deren Fortschritte in Richtung Freiheit und Gleichheit tatkräftig zu blockieren.

Die Liste ihrer Fehler ist lang und verhängnisvoll. Nur zu oft haben Mitglieder der Hierarchie gegen die Volksbewegungen gepredigt. In den unglücklichsten Momenten wollten sie das Volk zurückhalten, das sein Leben riskierte, um das Land von den Übeltätern und von der Korruption zu befreien. Diese Haltung hatte zur Folge, daß Übeltäter und Korruption heute noch aktiv sind.

– Als die Bischöfe merkten, daß das kirchliche Alphabetisierungsprogramm einigen Erfolg zeitigte, brachen sie es ab und erreichten damit, daß ihre Herde weiterhin ungebildet und unwissend blieb.

– Die Bischöfe befürworteten die schändlichen Wahlen, die für die unglücklichen Haitianer am 29. November 1987 in einem Blutbad endeten.

– Sie unterstützten auch den Marionetten-Präsidenten Leslie Manigat, der von der Armee vorgeschoben und vier Monate nach seiner Wahl von ihr wieder abgesetzt wurde.

– Die Bischöfe äußerten sich gemeinsam gegen die Kleine Kirche und klagten uns jeder Art von Sünden gegen die Kirche, den Papst und unsere Nation an.

– Sie versuchten, mich mundtot zu machen, wegzuschicken und zu verbannen.

– Sie verpaßten vielen meiner Brüder einen Maulkorb oder schickten sie fort.

– Sie warteten wochenlang, bevor sie gegen das Blutbad protestierten, das sich ereignete, als der Tod die Stufen zu meiner Kirchentür heraufkam.

– Sie entließen alle Journalisten, die der katholischen Radiostation in Haiti ihre Berechtigung und ihre Beliebtheit verschafften.

So brachten sie die Kirche wirklich zum Schweigen. Sie versuchten, meinen Mund zu verschließen, den Mund meiner Brüder und Schwestern in der Kirche und den Mund ihrer eigenen Angestellten, der Journalisten von *Radio Soleil*. Heute schweigt die Kirche von Haiti, einst so erfüllt von Hymnen und Hoffnungen.

Ach, ich wollte Euch ja meine Geschichte erzählen. Seht Ihr, wie ich wieder abschweife? Ich weiche aus. Ich versuche, sie zu vergessen und sie hinter mir zu lassen. Aber die Geschichte ist – wie alle Geschichten von Blut und Verrat – unvergeßlich und muß erzählt werden. Wo immer wir uns heute in Haiti hinwenden, steigt diese Geschichte als Bitte und Gebet wieder in unseren Kehlen auf. Ich wünschte, ein anderer würde sie für mich erzählen, aber fast alle, die die Wahrheit kennen, schweigen sich aus. Die Geschichte enthält zu viel, sie besitzt Sprengstoff, und man fürchtet, daß sie auf den Lippen oder unter der Feder explodiert. Die Leute weichen ihr aus, und so ist es an mir, Brüder und Schwestern, alle meine Kräfte aufzubieten und die lange und harte Geschichte zu erzählen.

Sie geht mir immer und immer wieder durch den Kopf. Ich sehe sie als eine Straße der Dunkelheit, eine lange Überlandstraße von Finsternis, durch die meine Freunde, meine Kollegen und ich gereist sind. Gerne denke ich, daß wir in Nacht und Schatten und unter gefahrvollen Bedingungen entlang der unendlichen Landstraße gewandert sind, um an einen besonderen Ort zu kommen, um zum Horizont und zum Sonnenaufgang zu gelangen. Ich hoffe, mit dem Erzählen der Geschichte könne ich die Sonne ermutigen, sich zu erheben und die Ankunft des Tages zu beschleunigen. Ich neige mein Haupt und hoffe, ich habe recht.

Laßt mich beginnen mit den Gewehren. In Haiti sind Gewehre oft am Wirbel der Ereignisse beteiligt. Tönt dies nicht so wie in Euren Ländern, Brüder und Schwestern? Ja, ich weiß, es tönt genau so. Dies ist auch eine Geschichte der Gewehre. Beim Lesen merkt Ihr, daß stets die falschen Leute die Gewehre in den Händen hielten.

Das ist eine der Lektionen, die mich die Leute mit den Gewehren gelehrt haben.

Lange Zeit feierte ich die Sonntagsmesse gewöhnlich um neun Uhr in meiner kleinen, schönen Kirche am Rand des Armenviertels unserer heruntergekommenen Hauptstadt. Es war heiß, aber wir waren glücklich, glücklich zusammenzusein, zusammenzusitzen und im Schatten des hohen Daches der Kirche St. Jean-Bosco zu plaudern; denn zur gleichen Stunde feilschten auf dem nahen Marktplatz Männer und Frauen um ein paar Rappen, und standen ungeschützt unter der prallen Sonne da. Es waren friedliche Stunden, friedlich für mich und für die Gläubigen, Stunden des Glücks in der Pfarrei der Armen. In den Predigten sprach ich mit ihnen über viele Dinge, aber von allen Lektionen, die ich ihnen beizubringen versuchte, war die wichtigste, so glaube ich, die folgende: Haltet den Tod fern und umarmt das Leben! Fort aus der Dunkelheit der Übeltäter und hinein in das Licht des Lebens! Das heißt, daß wir uns immer in Richtung Freiheit bewegen sollen, weg von der Sklaverei. Es ist eine Lektion, die wir Haitianer aufgrund unserer Geschichte verstehen.

Der Platz von St. Jean-Bosco war voll von Licht und Leben, von Lachen und von Musik. Es gibt nicht viele solche Orte in meinem Land. Es war ein besonderer Ort, sicher und einladend. Die Kirche stand allen Männern und Frauen offen. Ich predigte zur Versammlung der Gläubigen, der Versammlung aller Männer und Frauen. Dies taten auch meine Laienmitarbeiter, junge Männer und Frauen, die Licht und Leben vermittelten. Meine Kirche war ein Ort, wo alle – Marktfrauen, Bettler, arbeitslose Burschen, Studenten und Kinder – zur Versammlung der Gläubigen sprechen konnten. Ich liebte diesen Ort.

Weil aber meine Kirche für alle offen war, wurde sie oft zu einem gefährlichen Ort. Die finsteren Übeltäter konnten das Licht aus meiner kleinen Kirche nicht ertragen. Sie ließen nicht zu, daß die Haitianer einander frei begegnen und gemeinsam ihre Probleme diskutieren. Sie wollten nicht, daß die Haitianer zuhören, wie ihre Schwestern und Brüder die politische Situation analysieren. Sie akzeptierten nicht einmal den Gedanken an die Existenz eines solchen Platzes. So wollten sie ihm ein Ende bereiten, das Licht auslöschen, die Musik abbrechen und die Lachenden zum Weinen bringen. Natürlich gab es keine andere Möglichkeit, als dies mit dem Gewehr zu tun. Man kann dem Leben nur Einhalt gebieten, indem man es vernichtet.

Das erste Mal – es gibt immer ein erstes, aber nie ein letztes Mal – war dies vor Jahren, obwohl mir scheint, es sei erst gestern gewesen (solche Erfahrungen sind mir immer vor Augen wie ein nicht endenwollender Film). Es ereignete sich in den letzten Tagen des Diktators Jean-Claude Duvalier, kurz vor seinem Fall; ich nenne seinen Namen, weil wir vor und nach ihm so viele Diktatoren hatten. Die Haitianer in den Außenbezirken standen gegen ihn auf. Einige von ihnen sind in diesem tapferen Kampf auch gefallen. Aber Port-au-Prince, die dunkle Hauptstadt meines Landes, hatte noch nicht gesprochen, sie war noch nicht auf die Straße gegangen, auch wenn da und dort Leute sich versammelten, berieten, was zu tun sei, und die nächste Aktion diskutierten. Meine Pfarrkirche war eine dieser erhellten Ecken. Wir hatten uns während mehreren Wochen versammelt und versuchten, eine Demonstration zu organisieren, nicht aus Freude am Demonstrieren, sondern um unsere Solidarität, unsere Aufrichtigkeit, unsere Ehrenhaftigkeit und unsere Sympathie mit den übrigen Teilen des Landes unter Beweis zu stellen. Wir wollten zeigen: Wir sind auf eurer Seite. Um es mit den Worten von Martin Luther King, einem unserer Brüder, zu sagen: *We shall overcome!* Wir werden siegen!

Duvalier hatte den Ausnahmezustand verhängt. Es war eine verworrene Zeit. Einige dachten, er hätte das Land schon verlassen, andere glaubten, er wäre immer noch in Haiti. Gerüchtemacher aus Haiti und aus dem kalten, dunklen Land im Norden verwirrten uns und machten es schwierig, sich gegen Duvalier zu organisieren. Wir waren ja nicht sicher, ob er immer noch da war. Als der Ausnahmezustand ausgerufen wurde – es war an einem Sonntag im Januar 1986 –, versammelten sich zahlreiche Leute auf dem Kirchplatz. Sie waren wirklich verängstigt, entschlossen sich aber doch zur Durchführung der geplanten Demonstration, Ausnahmezustand hin oder her. Es sollte keine politische Kundgebung sein, sondern ein Bekenntnis des Glaubens und der Redlichkeit. Der Umzug begann in der Tat als Glaubensbekenntnis, wurde aber gegen Ende zu einer politischen Kundgebung.

An jenem Morgen sollte ich, bevor die Demonstration begann,

wie gewohnt um neun Uhr meine Sonntagsmesse feiern. Doch hörte ich schon vorher Lärm aus der Kirche. Die Leute kamen und suchten mich. Ich ging in die Sakristei und sah durch die Fenstergitter, daß der Hof voller Leute war. Sie trugen Baumzweige in den Händen – in Haiti ein Zeichen dafür, daß man bereit ist zu demonstrieren. Ich eilte in die Kirche, wo zwei Priester die Frühmesse lasen. Ich setzte mich in ihrer Nähe auf einen Stuhl und hörte die Leute, während sie ihre Zweige über den Köpfen schwenkten, drinnen und draußen rufen: «Ein Wunder, ein Wunder!» «Ein Wunder, ein Wunder!» sangen sie, «lang lebe der heilige Johannes Bosco!» In der Kirche herrschte eine ungeheure Aufregung. Ich fragte mich, ob ich wohl die Situation meistern und die Menge beruhigen könnte, als plötzlich ein Mann vor mir auftauchte und die Pistole auf mich richtete. Ich wußte nicht, ob er mich erschießen wollte. Was ich damals fühlte, empfinde ich heute noch, Jahre später: Sollte ich wegen meines Temperaments, meiner Überzeugung, meines Glaubens, meiner Pflicht oder meiner Verantwortung sterben, dann laßt mich dort sterben, wo ich hingehöre. Darum saß ich einfach da und wartete. Der Mann richtete den Revolver auf mich. Dann aber – oh Wunder! – öffnete er ihn, nahm die Patronen heraus und übergab mir Waffe und Ladung.

Der Tag nahm seinen Lauf. Die Leute hatten demonstriert, die Armee kam und man zog sich zurück. Wichtig war, daß Port-au-Prince endlich gesprochen hatte. Eine Woche später stürzte der Diktator. Über den Mann mit der Pistole hörte ich später (ich weiß nicht, ob es wahr ist), er habe einen Revolver und einen kleinen Korb getragen. Darin lag ein Foto von mir, viel Geld und ein Paß. Das Foto zeigte ihm sein Ziel an, das Geld war zur Bezahlung für den Mord gedacht und der Paß sollte es ihm ermöglichen, das Land zu verlassen. Ich hörte, daß der Mann von den Gläubigen zur Strafe verprügelt wurde. Ich übergab den Revolver und die Patronen dem Bischof. Damit war die Geschichte zu Ende – für den Augenblick. Mein Todestag kam und ging, ich war immer noch am Leben. Die Gläubigen beglückwünschten und segneten mich. Doch, wie gesagt, es gibt immer ein erstes, aber nie ein letztes Mal. Die Geschichte des Kampfes bleibt auf ihrem Höhepunkt stets eine Geschichte über die Gewehre.

Das haitianische Volk hat seinen Diktator aus dem Lande verjagt. Das war ein ersehnter Sieg, aber – wie wir wußten – nur ein Schritt in einem sehr langen und gewalttätigen Spiel. Wir hatten König und Königin besiegt – ein seltsames, ein modernes Schachspiel. Doch die Bischöfe und die Ritter auf ihren sicheren Burgen und alle die kleinen Läufer blieben auf dem Brett und spielten das lange und gewalttätige Spiel weiter. Auf unserer Seite besaßen wir nie einen König oder eine Königin, keine Bischöfe, Ritter oder Türme. Wir spielten nur mit den niedrigsten Figuren, mit den kleinen Leidensgenossen an der Frontlinie. Und wir haben doch gewonnen – so schien es wenigstens. Wir spielten weiter: König und Königin sind geschlagen worden, aber die Konfrontation hörte nicht auf. Auf unserer Seite war es der Geist des haitianischen Volkes, der die kleinen und bescheidenen Figuren über das Brett schob. Auf der anderen Seite diktierten das kalte Land im Norden und der Mann in Rom die Strategie.

Unverzüglich ersetzte die Gegenseite den haitianischen König, der neue kam unter der Maske eines Ritters – in Wirklichkeit ein Soldat, ein General. Wie Duvalier liebte auch er es, seine Figuren so aufzustellen, daß die Vorwärtsbewegung des Volkes aufgehalten wurde. Er hatte Duvaliers Geheimpolizei und die Tontons Macoutes, diesen Alptraum nie entwaffnet. Er hatte niemals versucht, das korrupte System des wirtschaftlichen Mißbrauchs und der Ausbeutung zu ändern, obwohl dadurch unser Land und das Leben unserer Leute zerstört wurde. Er liebte Gewalt, Geld und Macht. Die Demokratie hat er nie geliebt. Er war ein Feind des Volkes, obwohl er zu einem Zeitpunkt an die Macht kam, als er noch wie ein weißer König betrachtet wurde, der gute Kunde brachte und das Volk aus Armut und Sklaverei rettete. Doch er rührte nicht einmal den kleinen Finger zu unserem Vorteil. Er arbeitete gegen uns, hielt seine kleinen Füße fest in den Armeestiefeln, sein Maschinengewehr auf uns gerichtet.

Schon sehr bald erkannten wir, daß dieser Präsident bloß ein neuer Schauspieler in einer alten Rolle war. Wir hatten nur auf die Schnauze seines Maschinengewehrs zu achten und dort, im schwarzen Loch, konnten wir das Gesicht Duvaliers sehen. Noch bewegten wir uns vorwärts.

Am 26. April 1986, nicht einmal drei Monate nach der Flucht Duvaliers vor dem Zorn des Volkes, beschloß die Bevölkerung, an die Opfer von Fort Dimanche, einem der dunkelsten Orte von Haiti, zu denken. Das Licht des Lebens scheint nicht über Fort Dimanche. Unten an der Straße, vor meiner kleinen Kirche, befand sich dieses berüchtigte Gefängnis. Es saugte wie ein schwarzes Loch jede Spur von Leben auf, das in seinen gierigen Schlund geworfen wurde. In den Jahren, da Fort Dimanche als Gefängnis und Folterstätte diente, wurde es ständig vergrößert, gemästet mit dem Blut des haitianischen Volkes. Die Exzesse der Grausamkeit versetzten die ganze Nation in Trauer. Seine Klauen reichten hinein in den Schoß von Tausenden von Familien und rissen alles weg: Söhne, Töchter, Väter, Mütter, Schwestern, Brüder, Neuverheiratete und Kinder, die nie wieder gesehen wurden. Fort Dimanche war ein Symbol für die Armee, die Polizei, die Tontons Macoutes und alle Kräfte, die sich zusammentaten, um uns zu vernichten.

Man hatte beschlossen, in der Herz-Jesu-Kirche eine Trauermesse zu halten und dann in einer Prozession durch die Stadt bis nach Fort Dimanche zu pilgern. Dort wollte man niederknien und für die Opfer des Gefängnisses beten. Ich begleitete die Prozession in einem Auto, zusammen mit einem anderen Priester und einigen Journalisten der katholischen Radiostation *Radio Soleil* (*Soleil* heißt «Sonne» und meint das Licht des Lebens). Wir hatten die Prozession direkt übertragen und wollten dies auch von Fort Dimanche aus tun. Wir kamen so inmitten einer Menge von Abertausenden von Menschen zum Gefängnis. Es waren Leute, die litten, weil sie sich ihrer Kinder erinnerten und der Familien, die sie verloren hatten. Sie waren voller Schmerz und tiefster Traurigkeit, denn die vielen bösen Erinnerungen standen wie ein einziger Alptraum in ihren Augen geschrieben.

Wir waren gerade vor dem Gefängnis angekommen, als daraus ein Schuß abgefeuert wurde. Dann fiel ein Schuß nach dem andern. Alle rannten davon. Viele verloren auf der Flucht ihre Schuhe. Tränengas fiel über uns. Es war schrecklich. Wir fragten uns, ob das, was wir da erlebten, Wirklichkeit war. Es war so absurd und so schockierend. Wir trauten unseren Augen nicht und konnten nicht glauben, daß dies wirklich geschah. Aber wir täuschten uns nicht. Wir öffneten unsere Augen weit, um sicher zu sein, daß es keine

Halluzinationen aus der Vergangenheit waren, daß dieser neue Alptraum Realität war. Der Chef von Fort Dimanche lag da, flach auf dem Bauch und hielt sein Gewehr im Anschlag, als ob er sich auf der Jagd befinden würde. Man schoß auf die wehrlosen Leute, die beim Beten waren. Man feuerte auf die unschuldigen Menschen, die um Hilfe und um Erbarmen schrieen, den Rosenkranz in ihren Händen, die Taschentücher voller Tränen und die Bibel unter dem Arm. Aber man kann mit Rosenkränzen, Taschentüchern oder einer Bibel nicht gegen Gewehrkugeln kämpfen. Nein, viele hatten gar nichts in der Hand und standen mit leeren Händen den Waffen von Fort Dimanche gegenüber.

Mit eigenen Augen sah ich Dutzende von Leuten fallen. Dann rannten die Männer von Fort Dimanche heraus, packten sie an den Füßen und schleppten sie wie Abfall ins Gefängnis hinein. Ich bat die Leute, keine Steine zu werfen. Voller Angst und Entsetzen versuchten sie, ihre Brüder zu verteidigen. Einige hoben Steine auf und warfen sie gegen die Soldaten – eine verständliche Reaktion, die aber unter diesen Umständen verfehlt war, da sich doch alle Kräfte, alle Gewalt und alle Macht (alles, ausgenommen Liebe, Glaube und Leben) gegen Dich verschworen haben. Es war klar, daß dieser Anschlag schon lange zuvor geplant war. Alles spielte sich denn auch so ab, wie die Kriminellen von Fort Dimanche es vorgesehen hatten.

Dies war wiederum ein Tag, an dem ich hätte sterben sollen. Die Kugeln pfiffen rund um das Fahrzeug, und ich erinnere mich, wie ich direkt über das Radio von dieser Todesszene berichtete. Ich sprach in das Mikrophon über das, was ich sah. Ich berichtete alles. Ich sagte meinen Zuhörern, daß ich nicht wüßte, ob ich den begonnenen Satz auch wirklich fertigsprechen könne. Die herumfliegenden Kugeln konnten mich und mein Mikrophon jeden Moment erwischen. Es gab für mich einen besonderen Grund zu dieser Aussage, denn zwei Tage vorher hatte ich selber das Gefängnis besucht!

Warum? In jener Woche, wohl wissend, daß diese Prozession für den 26. April geplant war, hatten wir im Armenviertel gegenüber meiner Kirche eine symbolische Beerdigung von Fort Dimanche abgehalten. Wir beerdigten den Tod, alle Symbole des Todes, alle Orte, wo es den Tod gab, alles – Verbrechen, Morde, Folter und Totschlag. Wir begingen diese Feier im Namen unseres christlichen

Glaubens, den wir alle über Meilen und Meilen von Wasser hinweg teilen, Brüder und Schwestern. Es war eine wirkliche Beerdigung – abgesehen davon, daß dann die Verbrecher von Fort Dimanche auftauchten und viele Leute gefangennahmen. Sie führten auch Leute ab, die zufällig am Kanal saßen oder gerade am Gefängnis vorbeigingen.

Als ich abends um zehn Uhr diese Nachricht hörte, ging ich zur Polizei. Diese erzählte mir, daß die Leute nach Fort Dimanche abgeführt worden waren. Vom Polizeiposten aus telefonierte ich nach Fort Dimanche und sprach mit dem dortigen Vorgesetzten. «Ja, sie sind hier», antwortete er. Ich fragte ihn, was man tun könne, um diese Leute frei zu bekommen. Er sagte, er denke nicht, daß dies so leicht geschehen könnte. «Und wenn ich selber komme», fragte ich, «werden sie mir die Leute freigeben?» «Ja!» antwortete er. Ich sagte: «Gut, ich bin schon unterwegs!»

Vielleicht war es etwas naiv von mir, daß ich um zehn Uhr nachts zum Gefängnis rennen wollte, um den gefangenen Leuten herauszuhelfen, bloß wegen einer symbolischen Beerdigungsfeier, die ich für Fort Dimanche gehalten hatte. Und doch begab ich mich auf den Weg in den Rachen des Ungeheuers. Es schien naiv, ich gebe es zu. Aber ich glaube, wenn Dein Gewissen rein ist und Dein Verstand klar, wenn Dein Glaube zum Motor wird, daß Du tust, was gut und recht ist, dann bist Du in jenem Moment, so glaube ich, nicht mehr Du selber, der entscheidet, was Du zu tun hast. Es ist vielmehr ein Teil Deines Geistes in Gemeinschaft mit dem Geist Gottes, dem Geist der Gerechtigkeit, dem Geist der Freiheit, dem Heiligen Geist. Auch wenn es scheint, als ob Du wählen könntest, hast Du in Wirklichkeit keine Wahl. Dein Lebensbuch ist für Dich schon geschrieben. Daher lebte in Wirklichkeit nicht ich – wie Paulus sagt –, sondern Jesus lebte in mir. Und ich wünsche, daß er weiterhin in mir lebe. So fühlte ich mich damals im Tiefsten als Missionar, völlig ein Diener des Geistes, ganz in der Hand Gottes. Ich hatte mich auf eine Mission begeben, die über meine eigenen Schwächen und Stärken und über mich selber hinausreichte. So gehorchte ich und eilte nach Fort Dimanche, weil der Herr selber es mir befohlen hatte.

Nun denn, ich fuhr mit meinem kleinen, weißen Auto dorthin. Vor dem Gefängnis wartete ein ganzes Bataillon bis an die Zähne bewaffneter Männer auf mich. Sie hielten mich an und schrieen mich an: «Wohin gehen Sie? Sind Sie Pater Aristide?» Ich bejahte die Frage. «Ha!» sagten sie, «Sie sind es. Gut, heute nacht werden Sie sehen, jetzt erhalten Sie die Quittung!» Ich hörte ihnen zu, saß hinter dem Steuerrad und ließ den Motor weiterlaufen. Sie schrieen mich weiter an: «O ja, heute nacht bekommen Sie die Quittung. Sie sind derjenige, der all diese Leute hiehergeschickt hat, damit sie uns umbringen. Sie sind derjenige, der eine Beerdigungsmesse für uns gelesen hat. Heute nacht werden Sie merken, wer hier der Meister ist. Kommen Sie herein!» Die Soldaten standen in Reih und Glied auf beiden Seiten der Straße, die zum Eingang führte. Beim Eingangstor stellte ich den Motor ab und stieg aus. Überall standen Soldaten, lag viel Dreck und waren große Wasserpfützen. «Vorwärts, hinein!» schrieen sie mich an. Es war offensichtlich eine Falle – aber ich wußte, daß ich nicht stolpern würde, denn weder zwanzig noch vierzig kleine Soldaten konnten mir die Kraft nehmen zu triumphieren.

Als ich schließlich drinnen war, sah ich den Vorgesetzten. Doch dann löschten sie die Lichter, um mich einzuschüchtern. Sie richteten ihre Maschinengewehre auf mich. Ringsherum standen Männer. Ich schritt zwischen ihnen hindurch vorwärts und stieg die Stufen zur inneren Galerie hinauf – Soldaten links, Soldaten rechts von mir. Und es erschien plötzlich, mit einem Lächeln, ruhig und gelassen und ohne jede Arroganz, die Hände in den Hosentaschen, der Vorgesetzte. Die ganze Atmosphäre veränderte sich, als der Chef da war mit seiner heuchlerisch-höflichen Pose. Er hatte das Haupt gebeugt wie ein Ochse unter dem Joch, fast als wollte er meine Füße küssen. So freundlich war er! Doch Diplomatie kann man nicht mit echter Freundlichkeit verwechseln . . .

Ich befand mich jedoch auf einer Mission und hatte mich an gewisse Hausregeln zu halten. So gehorchte ich um der guten Sache willen. Ich gab diesem Mann die Hand und er lud mich ein, Platz zu nehmen. Er sprach französisch und machte mir Komplimente. Er sagte, er hätte meine gute Arbeit bis zurück in die Jahre 1977/78 verfolgt. «Das ist wahr», sagte er, er hätte festgestellt, daß ich ein aufrichtiger Mensch sei. «Das ist wahr», wiederholte er und sagte noch dies und jenes. Er meinte auch, daß er mich stets aus der Ferne beobachtet und bewundert habe. Er habe sich gefragt, wann wohl der Tag kommen würde, daß er mich persönlich treffen könnte: «Und siehe da, der Tag ist gekommen!»

Und so faselten wir weiter auf französisch, in einer sinnlosen Weise, heuchlerisch-höflich, mehr als eine Stunde lang unter einer düsteren, gelblichen Lampe. Solche Leute lassen ja das helle Licht der Solidarität in ihrem Heiligtum nicht zu. Während der ganzen Zeit waren die rund zwanzig festgenommenen Personen gezwungen, mit dem Rücken zu uns an der gegenüberliegenden Wand zu stehen und uns zuzuhören.

Schließlich fragte ich den Chef: «Was geschieht mit den Leuten, die Sie verhaftet haben?» Mit einer wegwerfenden Geste sagte er: «Dort drüben stehen sie. Es sind jene, die gekommen sind, um sich unser zu entledigen. Wir sind da, um Menschen und Eigentum zu schützen. Darum habe ich sie verhaftet. Aber weil Sie sich für sie eingesetzt haben, will ich sie Ihnen übergeben.» Ich dachte für mich: ... um Menschen und Eigentum zu schützen: das ist wohl eine Zauberformel für diese Männer. Wessen Leben und wessen Eigentum schützen sie denn, Brüder und Schwestern? Derartige Phrasen aus dem Mund solcher Männer reizen mich, auf den Straßen Feuer anzuzünden, Gebäude niederzubrennen und Barrikaden von gerechtem Feuer zu errichten, um Leben und Eigentum der Menschen vor ihnen zu schützen.

Doch alles, was ich sagte, war: «Okay!»

Der Chef: «Gib mir die Namenliste der verhafteten Personen!»

«Gut», antwortete ich wieder und ging hinüber zur Wand, wo meine Brüder und Schwestern still litten. Ich fragte sie nach ihren Namen und schrieb auf, was sie mir sagten. Die Leute waren eingeschüchtert und sprachen nur sehr leise. Ich mußte oft mehrmals fragen. Manchen flossen Tränen über ihre Wangen. Sie waren verletzt worden und hatten Todesangst. Sie lehnten gegen die Wand, als ob sie neue Schläge erwarteten. Einem floß Blut aus dem Ohr. Er zeigte zwar kein Zeichen von Schmerz, aber es rann Blut aus einem Ohr. Ich fragte ihn: «Bruder, warum blutest Du aus dem Ohr?» Er gab keine Antwort. «Haben sie dich geschlagen?» fragte ich weiter. Er zögerte und sagte schließlich: «Nein.» Ich drängte nicht weiter, weil ich wußte, daß er log, um sein Leben zu retten. Und dies war ja auch mein Ziel.

Ich gab dem Chef so schnell als möglich die gewünschte Namenliste (eine demütigende Aufgabe, deren Zweck bloß war, jene noch mehr zu bedrohen, die bereits so viel gelitten hatten, und die mich nur noch mehr in das Leid verwickelte, das sie zusätzlich zu erdulden hatten). Ich führte die Leute hinaus aus dem dunklen Ort dieser Verbrecherbande; der Chef begleitete mich bis zur Türschwelle. Dort schüttelte er mir die Hand; ich dankte ihm natürlich höflich. Sobald wir genügend weit weg waren, lösten sich die Zungen. Die Leute schluchzten, weinten und erzählten, wie sehr sie gelitten hatten. Erst jetzt, da sie der Hand des Todes entronnen waren, begannen sie, von dem zu berichten, was sie in der kurzen Zeit erlebt hatten.

Brüder und Schwestern, Ihr könnt nun verstehen, warum ich mich dem Tod so nahe fühlte, zwei Tage nach dem Kugelregen von Fort Dimanche. Ich wußte, welches Ungeheuer in dieser schrecklichen Festung hauste. Ich kannte das Leid, das es den Menschen immer wieder antat. Fort Dimanche ist nur ein Gebäude, aber Männer mit dem Geist eines Monstrums hatten es in eine Mördergrube verwandelt, in ein Konzentrationslager. Haiti stellt nur ein Drittel der kleinen karibischen Insel dar, aber das Militär, Männer mit dem Geist von Ungeheuern, haben es in eine Mördergrube, in ein Konzentrationslager verwandelt.

Haiti ist ein Gefängnis. In diesem Gefängnis gibt es Regeln, die man befolgen muß, sonst wird man umgebracht. Eine Regel lautet beispielsweise: Bitte nie um mehr, als der Wärter Dir zuteilt. Verlange nie mehr als eine Tasse Reis oder einen Trunk schmutzigen Wassers jeden Tag oder jede Woche. Eine andere Regel heißt: Bleibt in Eurer Zelle und beklagt Euch nicht, obwohl sie überfüllt ist und stinkt und voll von Fäkalien ist; bleibt dort, das ist Euer Los. Eine weitere Regel: organisiert Euch nicht, redet mit den Mitgefangenen nicht über Euer Los. Jedesmal, wenn Ihr zwei Tassen Reis erhaltet, muß ein Mitgefangener hungern. Immer, wenn ihr zweimal schmutziges Wasser trinkt, muß ein anderer dürsten. Haßt Eure Mitmenschen! Noch eine Regel: nehmt Eure Strafe stillschweigend an und schreit nicht. Ihr seid schuldig, der Wärter hat es gesagt. Schweigt, bis Ihr sterben werdet. Versucht nie auszubrechen, denn die Flucht bedeutet sichere Wiederkehr, und dann erwarten Euch hier noch schlimmere Foltern und Quälereien. Wenn Ihr versucht, mit einem kleinen Boot zu entkommen, werden Euch die Küstenwächter des kalten Landes im Norden wieder fangen und zurückschicken und dann werdet Ihr das ganze Leben lang im ewigen Gefängnis schmachten, das Haiti heißt. Ganz Haiti ist heute ein Fort Dimanche. Lateinamerika ist ein Fort Dimanche. Fort Dimanche spuckt Kugeln, Tränengas und Tod. Fort Dimanche speit Regeln, Gebote, Gesetze, Befehle, Erlasse und Tod. Wenn wir seine Regeln befolgen, dann werden wir ganz gewiß an seiner Peitsche zugrunde gehen.

Ich sage: Gehorcht diesen Regeln nicht! Verlangt mehr! Laßt Euer Elend hinter Euch! Organisiert Euch mit Euren Brüdern und Schwestern! Akzeptiert Euer Schicksal nicht! Seid voller Hoffnung! Lehnt die Verelendung Eurer Armenpfarreien ab. Entkommt dem Leichenhaus und sucht das Leben. Schreitet heraus aus dem Gefängnis und marschiert auf den harten und erbarmungslosen Wegen, die zum Leben führen. Dann werdet Ihr die Armenpfarreien vor Freude leuchten und strahlen sehen wie beim Sonnenaufgang, am Ende der Straße. Dann werden Euch gesunde und starke Kinder mit vollen Reisschüsseln entgegeneilen, um ihre hungernden Retter zu begrüßen. Das ist Euer Lohn. Entlang dieser harten und erbarmungslosen Straße zum Leben kommt der Tod als Ehrung. Aber das Weiterleben in diesem Leichenhaus ist eine Schande und eine Schmach für die ganze Menschheit!

Die Jugend in Haiti wie auch anderswo im südlichen Teil unserer Hemisphäre ist lebhaft und voller Hoffnung. Sie hofft, daß ein Ausweg möglich ist und daß wir eines Tages fähig sein werden, auf den Ruinen des Leichenhauses, in dem wir jetzt leben, ein anständiges Haus für den Armen bauen zu können. Diese Hoffnung ist unsterblich und hat sich immer wieder klar ausgedrückt in den verschiedenen Aktionen der Jugend meines Landes, aber nie so klar wie im Sommer 1987. Jener Sommer war eine bewegte und verheißungsvolle Zeit, obwohl auch sie uns mit schrecklichen Berichten über erfolgte Unterdrückung erschütterte.

Im Juli jenes Sommers kamen im Nordwesten des Landes, in Jean-Rabel, Hunderte von Bauern um. Es waren Bauern, die gegen ihre Misere protestierten und von der herrschenden Klasse ihrer Region das Ende ihrer Ausbeutung verlangten. Sie wurden vom Militär und den Handlangern der dortigen Großgrundbesitzer auf ihrem Anmarsch abgefangen und zerschlagen. Hunderte wurden getötet, Häuser geplündert und angezündet und die Bauernbewegung zerstreut.

In Port-au-Prince hatten unterdessen meine Ordensobern beschlossen, mich aus der Hauptstadt zu entfernen und mir eine Pfarrei zuzuweisen, die voll von meinen Feinden war: ehemalige Mitglieder der Tontons Macoutes, Generäle, Reiche, kurz: die Feinde des haitianischen Volkes. Ich gehorchte, obwohl ich darüber nicht erbaut war. Ich wollte doch meine Leute angesichts der kommenden Unterdrückung nicht allein lassen! Ich gehorchte, weil ich den Gehorsam versprochen hatte und weil mein Ungehorsam den Gläubigen meiner Pfarrei nur noch größere Unannehmlichkeiten verursacht hätte. So zog ich also in meine neue Pfarrei. Solche Versetzungen und Neuzuweisungen überraschen Euch sicher nicht, Brüder und Schwestern.

Die Jugend war entsetzt über das Massaker an den Bauern im Nordwesten. Nun war sie bestürzt über die Versetzung eines ihrer meist gesehenen Gefährten. Sie spürten auch darin die wachsende Welle der Unterdrückung und ergriffen Maßnahmen, um ihr zu begegnen: So gingen Jugendliche in die Kathedrale von Port-au-Prince und begannen in aller Selbstlosigkeit einen Hungerstreik. Damit wollten sie die haitianischen Bischöfe bitten, mich nicht aus der Hauptstadt zu versetzen und das schreckliche Massaker von Jean-Rabel öffentlich anzuprangern. Es war, nebenbei gesagt, ein Bischof, der sich kurz vor dem Massaker dahingehend geäußert hatte, daß die Bauernbewegung von Jean-Rabel ein Störenfried sei. Ein haitianisches Sprichwort sagt: «Derjenige, der sagt: ‚Dort ist die Schlange', hat sie schon getötet.»

Nach einigen Tagen hatte der Hungerstreik Erfolg. Er endete mit einem großen Freudenausbruch in der Kathedrale, als zuerst die Bischöfe und dann auch ich zu den Tausenden von Leuten sprachen, die sich versammelt hatten, um die Streikenden zu unterstützen. Ich wurde in meine Pfarrei zurückgeschickt, und die Bischöfe nahmen Stellung zu den Ereignissen von Jean-Rabel. Es gibt, wie ich stets sage, ein erstes, aber nie ein letztes Mal. Während der Hungerstreik im Gange war, wurde im Radio ständig davon berichtet. Vielleicht gab es Leute, die sich ärgerten, daß mein Name wiederholt genannt wurde. Es gab wohl Leute, die nicht gerne sahen, daß die Jugend ihre Angelegenheiten – auf friedliche Weise – selber in die Hand nahm. Dieselben Leute waren halb krank, mein Bild wiederholt im Fernsehen und in den Zeitungen zu sehen. Sie wollten mein Gesicht und das des Volkes nie wieder sehen. Sie selber erfreuten sich ja nicht der Unterstützung, die wir von den Haitianern aller Schichten erhalten hatten. Sie spürten, wie das Volk und die Pfarreien der Armen stärker wurden. Unser häufiges Erscheinen wirkte für sie wie ein Vorwurf. Ihr Haß war auf uns konzentriert, ganz besonders auf mich, erschien ich ihnen doch wie ein Symbol des Volkes, das ich unterstützte, ein einzelner ist eine leichtere Zielscheibe als das ganze Volk.

Kurz nach dem Sieg der jungen Leute in der Kathedrale mußte ich an der Gedächtnisfeier zu Ehren der gefallenen Bauern von Jean-Rabel das Wort ergreifen. Schon zwei Monate früher war ich zu einer ähnlichen Feier in Pont-Sondé eingeladen worden. Obwohl meine Sicherheit nach dem Hungerstreik sehr gefährdet war, wagte ich nicht abzusagen. Wenn schon die Jugendlichen in der Kathedrale trotz großer Gefahren für mich und die Bauern eingestanden waren, so war es nun an mir, für sie einzutreten. Ich hätte es mir nie verzeihen können, wenn ich ihnen den Rücken gekehrt und weggelaufen wäre.

An jenem Morgen, es war an einem heißen Sonntag im August, feierte ich eine heilige Messe. Es war die erste Messe, die ich in St. Jean-Bosco feierte, seit meine Ordensobern versucht hatten, mich zu versetzen. Ich war umgeben von all den Leuten, die ich schon so lange kannte und liebte. Ich fühlte mich daheim. Dies kam mir erst viel später zu Bewußtsein, aber während jener Messe ließ mich mein Lebenswille so viele Dinge aussprechen, die den Tod voraussahen, der sich später, am gleichen Tag noch, auf uns stürzen würde. Ich sagte, ich käme mir vor, als ob ich meine eigene Beerdigungsmesse singen würde. Ich fühlte es wirklich so, aber ich wußte nicht warum. Jetzt weiß ich es. Leben und Verstehen erfaßten mein ganzes Sein, dennoch war ich noch nicht fähig, die Botschaft zu deuten.

Wir reisten also nach Pont-Sondé. Es war ein heller und klarer Tag. Die Feier, die Reden und die Gesänge sollten nahe der Straße in einer alten Teigwarenfabrik stattfinden. Meine Gastgeber waren die Heilig-Geist-Missionare der näheren Umgebung, alte Freunde und Kollegen. Die Pfarreiangehörigen jener Gegend spielten eine Reihe von Szenen in Erinnerung an das Massaker von Jean-Rabel. Ich fühlte mit ihnen den Geist tiefster Gemeinschaft und außerordentlicher evangelischer Solidarität. Es war für mich ohnehin schon ein Tag tiefer Gefühle und ein Tag der Rückkehr gewesen. Fast einen Monat lang war ich von meiner eigenen Pfarrei abwesend gewesen. Aber an jenem Morgen kehrte ich zum Altar zurück und feierte die heilige Messe. Einmal mehr fühlte ich mich nun in Pont-Sondé mitten unter meinem Volk.

An jenem Tag war ich wieder mit meinen dortigen Mitchristen versammelt und spürte eine beinahe körperliche Verbundenheit mit ihnen. Ich fühlte mich erneuert durch ihren Glauben und ermutigt von ihrem Verständnis für Haiti. Ich war stolz, von meinen Heilig-Geist-Freunden eingeladen zu sein und mit P. Jean-Marie Vincent sprechen zu können; er hatte ja mit den Bauern von Jean-Rabel zusammengearbeitet und riskierte ebenfalls viel, so ungeschützt hierher zu kommen. Ich fühlte mich gestärkt durch den Glauben der Pfarreiangehörigen. Ich spürte, daß sie mich zu neuen Höhen führen würden, zu größerem Mut, zu erhabeneren Orten, wo ich eine bessere Sicht erhalten und ein tieferes Verständnis der haitianischen Situation gewinnen würde, wo ich fähiger wäre, Eingebungen zu empfangen, die – wie ich fühlte – mir und ihnen durch die Kraft unseres Lebens d.h. Gott, geschickt wurden.

So hatte ich keine Angst, als P. Max Dominik mir nach der Predigt von P. Jean-Marie das Zeichen gab, selber vor die Menge zu treten. Ich stand neben P. Max, als ich Schüsse hörte. Jemand gab wiederholt Schüsse ab, und wir realisierten, daß dies Wirklichkeit war, nicht bloß Einbildung. P. Max versuchte, die Leute zu beruhigen, aber diese lagen am Boden oder rannten in allen Richtungen davon. In meiner Nähe sah ich drei Männer, die mit Revolvern wild umher schossen. Einer von ihnen richtete seine Waffe direkt auf mich. Ich stand da und brachte es nicht über mich, alle zu verlassen und wegzurennen. Ich konnte mich doch nicht wie ein schlechter Hirt aus dem Staub machen und meine Schafe zurücklassen, die von Waffen bedroht wurden. Obwohl ich schon aus strategischen Gründen besser daran getan hätte, mich zu schützen, brachte ich es nicht über mich. Ich stand ruhig da, sah, wie er zielte, und hörte die Schüsse. Er verfehlte mich, versuchte es erneut und traf mich wieder nicht. Langsam zog er sich zurück, und vermutlich zitterte seine Hand, denn er verfehlte mich nochmals. Da rief eine Frau: «Leg dich nieder!» Sie packte meinen Fuß. Plötzlich lag ich unter einem Berg von Leuten, die mich schützten. Dann führten sie mich hinaus, steckten mich in einen gelben Jeep, wo zwei französische Entwicklungshelfer und eine Gruppe Kinder saßen. Sie legten mich auf den Boden des Fahrzeugs. Die Kinder schrieen und fragten: «Ist das P. Aristide?» Denn überall auf dem Platz sagten die Leute, daß Männer mit Gewehren mich suchten. Arme Kinder!

Man führte mich zum Haus der Heilig-Geist-Patres. Ich kam dort nur mit einem Schuh an, den andern hatte ich in der Panik verloren. Ich bat die französischen Entwicklungsarbeiter, zurückzufahren und die Heilig-Geist-Patres und die anderen Freunde zu suchen. Sie sollten ihnen mitteilen, daß ich noch am Leben und in Sicherheit sei. Sie sollten sich nicht meinetwegen weiterhin dem Tode aussetzen. Als sie mit den Patres und den übrigen Freunden zurückkehrten, brachten sie sogar meinen verlorenen Schuh mit! Ich war in jenem Moment selbst überrascht. Welch unnötige Gefälligkeit in einem solchen Chaos! Ich wußte nicht, sollte ich lachen oder weinen über die Unangemessenheit der menschlichen Gefühle: Mitten im Kugelregen hatte jemand an meinen dummen Schuh gedacht! Natürlich hatte einer der Jugendlichen, der beim Hungerstreik dabei war, meinen Schuh gefunden. Unendliche Güte in banalen Dingen wie auch in ernstesten Fällen! Ich war dankbar für den Schuh, weil er mit so viel Liebe zurückgebracht wurde. Seither trug ich dazu immer große Sorge, denn der Schuh ist für mich sehr wertvoll geworden.

Dann saßen wir zusammen und berieten: Sollten wir an jenem Abend nach Port-au-Prince zurückfahren oder nicht? Sollten wir bei den Heilig-Geist-Patres bleiben? Jeder Entscheid barg ein Risiko. Schließlich entschieden wir uns für die Abreise. Es war ungefähr sechs Uhr abends. Der Regen fiel, und es dunkelte schon. Wir fuhren in verschiedenen Fahrzeugen weg, ich nahm im letzten Platz.

Bald erreichten wir den kleinen Kontrollposten von Freycineau. Es regnete immer noch, und es war ganz dunkel. Wie gewohnt, wurden die Fahrzeuge durchsucht und die Nummern notiert. Man hatte während der Gedächtnisfeier in Pont-Sondé die Nummern aller Wagen aufgeschrieben, die dort waren. Nun verglichen sie jene Liste mit unseren Nummern. Der erste Wagen war nicht an der

Feier gewesen, also schenkten sie ihm keine Beachtung. Doch nun kamen sie zu unserem Fahrzeug und kontrollierten uns. Sie waren zahlreich, und sie trugen Revolver, Knüppel und Buschmesser in den Händen. Sie waren fast nackt und trugen nur kurze Hosen oder Unterhosen. Ständig gingen sie hin und her, vom Armeeposten zu unserem Auto und zurück.

Während der Durchsuchung fuhren die Autos vor uns weiter und stießen nach etwa hundert Meter auf eine Straßenbarrikade, die den ganzen Durchgang blockierte. Meine Freunde versuchten, mit den Männern an der Barrikade zu verhandeln, um weiterfahren zu können. Die Männer verwechselten den bärtigen Axel Martial, einen jungen Seminaristen der Heilig-Geist-Missionare, der mitfuhr, mit mir; eine Gruppe Banditen holte ihn aus dem Auto und mißhandelte ihn grauenhaft, bis einer von ihnen schrie: «P. Aristide hat doch keinen Bart!» Da ließen sie von ihm ab, und sie bereiteten sich auf den Moment vor, da ich selber an der Barrikade eintreffen würde, um mir anzutun, was sie dem Seminaristen angetan hatten. Währenddessen befand ich mich immer noch beim Kontrollposten, zusammen mit den Patres Jean-Marie, Antoine Adrien, William Smarth und einem kanadischen Seminaristen. Wir wußten nicht, was an der Barrikade vorne vor sich ging. Wir sahen nur, wie bei uns die Männer ständig zwischen Posten und Fahrzeug hin- und hergingen. Natürlich merkten wir, daß sich etwas ereignete, wir wußten aber nicht was. Wir sahen bloß, daß wir es mit Kriminellen, Verbrechern und Mördern zu tun hatten, mit Männern, die zu allem fähig waren.

Doch der Lebenswille war nicht erloschen, selbst mitten in diesem tödlichen Komplott. Sie zwangen uns auszusteigen, sie durchsuchten jeden Winkel im Auto und ließen uns im Regen und im Dunkeln stehen. Keiner wußte, wann ihn eine Kugel, ein Fußtritt oder ein Messerstich treffen würde. Keiner wußte, ob nicht plötzlich der Befehl kam, uns in den Busch zu schleppen oder uns passieren zu lassen mit denjenigen, die sie nicht interessierten, während sie jene behielten, die sie suchten. Wir standen nur da und warteten, was immer geschehen würde. Als sie dann das Fahrzeug vor uns fertig durchsucht hatten, ließen sie es weiterfahren.

Nachdem die Untersuchung auch bei uns vorüber war, befahlen sie uns einzusteigen. Es war seltsam. Wir atmeten auf, als endlich alles vorüber war. Diese Gangster wußten wohl, daß wir schon bald an einer Barrikade scheitern würden. Und sie waren dort: Eine Meute mit Gewehren, Revolvern, Schlagstöcken und Steinen stand mitten im Regen. Einige trugen rote Hemden, kurze Hosen und Hüte. Sie besaßen keine Helme, weil es ihnen ganz gleich war, ihre Gesichter zu zeigen, während sie ihre schmutzige Arbeit verrichteten. Der erste Stein zerschmetterte den einen Scheinwerfer, der zweite den anderen, der dritte die Windschutzscheibe. «Das ist schlimmer und viel ernster!» stellten wir fest. Trotzdem blieben wir ruhig, denn was konnten sie Schlimmeres tun, als uns zu töten? Wir beteten. P. Jean-Marie auf dem Führersitz erwischten die schlimmsten Steine. Noch heute trägt er eine Narbe auf der Stirn, und er wird sie behalten!

Rundherum schrieen die Männer: «Wo sind die Kommunisten? Wo ist P. Aristide? Gebt uns die Kommunisten heraus! Ihr redet zu viel, laßt uns handeln! Packen wir ihn, laßt uns diese Sache rasch erledigen!» Sie sprachen von Tod und warteten auf den Befehl, uns umzubringen. Und immer wieder flogen Steine. P. Adrien versuchte, die Leute zur Vernunft zu bringen, und berichtete: «Wir kommen von Pont-Sondé, das ist nichts Besonderes und nichts Schlechtes.» Doch man wollte nicht zuhören, und einer forderte P. Adrien auf, auszusteigen: «Ihr redet alle zu viel, kommt heraus!» Ein Mann hielt ein Buschmesser hoch. So klar, wie ich es mir damals vorstellen konnte, so sehe ich es jetzt noch: Ich konnte das Haupt von P. Smarth in den Händen des Mannes sehen, nachdem er ihn mit seinem blutigen Buschmesser enthauptet hatte. Und ich dachte mir: Der erste Mann am Boden wird P. Smarth sein! Sie rissen die Türe des Fahrzeuges auf und P. Smarth stieg aus. Über seinem Kopf schwang der Mann das Buschmesser. Im Moment, da er das Messer niederfahren ließ, stieß er P. Smarth gegen das Auto, dieser fiel zu Boden, und das Buschmesser zerschmetterte die hintere Scheibe. Die Meute griff uns von allen Seiten an. Ich blutete, und ich weiß heute noch nicht, wie ich verletzt wurde.

Jemand schrie: «P. Aristide ist hier drin. Überschütten wir doch den Wagen mit Benzin. Ihr sprecht zu viel. Das sind Kommunisten, verbrennen wir sie!» P. Adrien fuhr fort, mit ihnen zu reden, doch sie warfen weiterhin Steine. Er versuchte, sein Gesicht mit den Händen zu schützen. Ein Stein traf sein Handgelenk. Von allen Seiten prasselten Steine auf uns nieder. Wir konnten uns nicht dagegen schützen, denn alle Fenster waren schon eingeschlagen. Steine fielen, Benzin und Feuer würden bald folgen. Wir dachten an die mutigen Märtyrer-Schwestern von El Salvador und an die Augenblicke aller Märtyrer vor dem Tod. Und der Tod war sehr nahe! Er war da in kurzen Hosen und schwang das Buschmesser durch die Fenster. Er rannte mit viel Geschrei um uns herum. Der Tod brachte das Feuer der Märtyrer, um das Leben auszulöschen.

Doch der Lebenswille zog sich vor dem Tod nicht zurück. P. Jean-Marie schrie dem kanadischen Seminaristen am Steuer zu: «Hau ab nach links!». Er hatte auf der linken Seite der Barrikade ein kleines Loch entdeckt – wie ein Lebensfenster, durch das Licht schien. Stellt Euch vor: Wir waren im Finstern, im Regen, mit zerstörten Scheinwerfern, umgeben von Knüppeln, Steinen und Waffen. Die Banditen standen dort mit ihren Krallen. Das Feuer würde bald folgen, und darum schrie Jean-Marie: «Fahr nach links, fahr!» Der Fahrer verstand die Aufforderung nicht und konnte nichts tun. Endlich merkten wir, daß er zu wenig Französisch sprach und in seiner Panik überhaupt nichts begriff. So schrieen wir alle auf Englisch: «Hau ab nach links!» Und siehe da, unser Schrei drang in seine Ohren wie der «Schrei des Lebens». Plötzlich trat er voll aufs Gaspedal, scherte nach links aus und durchbrach die Barrikade. Wir waren – für einen Moment – vom Tod errettet!

Doch was könnt Ihr auf einer Straße tun mitten in der Nacht, mit einem Auto ohne Licht, wenn es in Strömen vom Himmel gießt? Wohin fahren, um den Mördern zu entfliehen? Irgendwie schafften es diese jedoch nicht, uns einzuholen, obwohl wir im Dunkeln nur langsam vorwärtskamen und ohne Licht von einer Straßenseite zur anderen schwankten. Der Regen strömte durch unsere zerbrochenen Fenster, so daß wir nichts sehen konnten. In dunkelster Nacht brachten wir Meter um Meter hinter uns. Doch unser Überlebenswille führte unser Fahrzeug schnell und weit genug weg, um der Grausamkeit des Todes zu entfliehen.

Wir wußten nicht, was tun. Was ist besser: blind weiterfahren oder den Wagen verlassen und in die Hügel verschwinden?

Gott drängte uns weiterzufahren, und so fuhren wir vorwärts mit unserem beschädigten Wagen. Wir hofften, bald zu einer Kirche zu gelangen. Oder vielleicht konnten wir bei der protestantischen

Gruppe, die in dieser Gegend wirkte, Unterschlupf finden? Wir klopften bei ihr an und wurden – über alle religiösen Differenzen hinweg – mit einer Herzlichkeit empfangen, die unserem gemeinsamen Glauben an Christus entsprach und uns sehr beglückte. Die Mitglieder der Gruppe hießen uns willkommen, und wir erklärten ihnen – ohne auf Details einzugehen –, daß wir einen Unfall hatten und viele verwundet worden waren. Sie gaben uns sofort erste Hilfe und Unterkunft. Wir verbrachten die Nacht in der Ungewißheit, ob wir den nächsten Morgen noch erleben würden; denn wir hielten uns immer noch in der Nähe von Freycineau auf, und die Unholde konnten jeden Augenblick kommen und uns abführen. Wir hofften, das Leben würde weitergehen, gleichzeitig erwarteten wir den Tod. Wir wußten nicht recht, an welche Möglichkeit wir glauben sollten.

Wir verbrachten also die Nacht auf der protestantischen Mission. Die Priester der benachbarten katholischen Pfarrei besaßen kein Auto in verkehrstüchtigem Zustand, um uns zu holen. Es ist immer dieselbe Geschichte von Autos mit Pannen, fehlendem Benzin oder platten Reifen – die Geschichte unseres armen Landes. Unsere Gastgeber wollten uns mit unserem beschädigten Fahrzeug nicht nachts zu ihnen hinüberfahren lassen. Sie erachteten dies als zu gefährlich, und ich glaube, sie hatten recht.

Am folgenden Morgen bei Tagesanbruch begleiteten uns die Protestanten. Der gleiche Chauffeur saß am Steuer des Fahrzeuges, dessen Scheiben zwar zerbrochen, dessen Motor aber noch intakt war. Wir fuhren zur Kirche im nahen Montrouis. Die Leute hatten die Neuigkeit schon gehört: Wir wären tot, wir wären verschwunden, wir versteckten uns oder wir säßen im Gefängnis. Man sprach vom Steinhagel, vom Auto und von den Barrikaden. Sie liefen zusammen, um unser Fahrzeug zu sehen und zu vernehmen, was wirklich geschehen war. Die Freunde, die uns vorausgefahren und geflüchtet waren, hatten wohl geahnt, daß uns etwas Fürchterliches widerfahren war. Sie wußten aber nicht, ob wir tot oder noch am Leben waren. Niemand im Land und in der Welt wußte es.

Als wir endlich einige Freunde und unsere Familie benachrichtigen konnten (mit «unsere Familie» meine ich nicht unsere Väter und Mütter, sondern unsere wahre Familie: die Familie Gottes, das Volk Haitis), brach eine Kolonne unserer Freunde von Port-au-Prince auf, um uns mit den nötigen Sicherheitsvorkehrungen in die Hauptstadt zurückzubringen, damit wir dort Pflege erhielten, besonders P. Adrien und P. Jean-Marie. Bei der Ankunft strömten viele Freunde herbei, und so fühlten wir uns zum ersten Male wieder sicher. Ein Krankenwagen fuhr vor. Auch Mgr. Constant von Gonaïves kam vorbei sowie der Nuntius.

Man brachte uns in ein Krankenhaus der Hauptstadt, wo wir zwei bis drei Tage lang blieben. Dann wechselten wir von einem Platz zum anderen, der Sicherheit wegen, denn die Krallen der Missetäter warteten immer noch irgendwo, um uns zu packen. Als wir vier haitianischen Priester, die in Freycineau angegriffen wurden, die Bischöfe baten, mit uns eine Dankesmesse zu feiern, weigerten sie sich. Stellt Euch so etwas vor!

So feierten wir vier – P. Adrien, P. Jean-Marie, P. Smarth und ich – unsere Dankesmesse ohne Bischöfe, aber mit Tausenden von Haitianern, die herbeiströmten, um uns lebend zu sehen. Tausende kamen aus der ganzen Hauptstadt, Politiker wie Arme, um unsere Stimmen zu hören und sich durch unseren Lebenswillen ermutigen zu lassen. Unser Beispiel stärkte diese Menschen. Durch die Geschichte unseres Triumphes über die Kräfte des Bösen waren die Leute im Innersten getroffen. Wenn wir uns dem Tod stellen konnten und doch nicht starben, dann können auch sie, vom Tode bedroht, nicht sterben!

Selbst wenn wir an der Barrikade gestorben wären, hätten wir in der Erinnerung der Leute weitergelebt, denn unser Geist ist ihr Geist. Was sie bewegt, bewegt auch uns. Wir sprechen Worte, die uns der Geist der Armen eingibt. Das ist unsere bescheidene Rolle, eine einfache Rolle, die keinen Lehrgang erfordert, keine Überheblichkeit, keine Soutane oder Mitra. Sie verlangt nur Glauben, und den besitzen wir in Fülle. Sie fordert den Willen, dem Volk zu dienen – ohne Buschmesser, Steinregen, Schüsse oder Gewehre, ohne Tränengas oder Bomben; all das wird uns nicht von unserem guten Willen und unserem Glauben abbringen. Wir sind unerschütterlich und bleiben immer bei Euch, wie die Armen. Tötet einen von uns, und wir werden zu Tausenden aufstehen!

Brüder und Schwestern, strapaziere ich Eure Leichtgläubigkeit nicht zu stark? Ja, es ist schwer zu glauben, daß sich gegen die

Basiskirche so viele Anfeindungen richten! Dennoch überrascht Euch meine Geschichte sicher nicht. Jeder von Euch hat bestimmt schon einmal gesehen, wie die Krallen dieser Verbrecher das Gesicht eines Kameraden zerkratzt haben. Jeder von Euch kennt bestimmt die Angst, wenn Ihr Euch bemüht, den Pfarreiangehörigen den Glauben zu vermitteln, wenn Ihr über ihr Los sprecht und den Armen Eurer Pfarrei helft, sich zu organisieren. Ja, wir sind ein Teil des gleichen Bataillons, der Truppen unseres Herrn, hier in Haiti. Wir betrachten jeden Angriff auf Euch auch als Angriff gegen uns, so wie jede Verletzung und jeder Mord, den wir in unserer dunklen Weltecke erleiden, ein Tod oder eine Verletzung ist, die auch Ihr fühlt. Unser gemeinsamer Kampf reicht über alle politischen Grenzen, Bergketten und Meere hinweg. Wir geben einander die Hände über die weiten Räume unserer Hemisphäre hinweg in einer langen und unzerbrechlichen Kette der Solidarität. Haltet weiterhin tapfer durch und laßt nicht nach! Wenn Ihr meine Hand haltet, falle ich sicher nicht. Wenn ich Euch stütze, findet auch Ihr Kraft zur Ausdauer. Wir sind eins.

Mehr als ein Jahr verging bis zum nächsten Attentat. Vieles geschah während jener gnadenlosen Zwischenzeit. Zweimal hatten wir einen Präsidenten zu wählen. Haiti sollte beweisen, daß sich das Land «zur Demokratie hin bewegt». Nur wenn wir eine Regierung wählten, würde das kalte Land im Norden mit seinen Alliierten – andere ehemalige Kolonialmächte – uns noch mehr Geld und Nahrungsmittel schicken. Es war jedoch klar, daß dieses Geld und diese Nahrungsmittel unsere Gesellschaft zugrunde richteten: Das Geld erlaubte es, Waffen gegen das Volk zu kaufen; die Nahrungsmittel ruinierten unsere eigene Landwirtschaft. Geld wie Nahrungsmittel machten uns weiterhin abhängig von den ehemaligen Kolonialmächten. Die erste Scheinwahl eines Präsidenten wurde von der Armee bekämpft, ebenso von den Agenten der herrschenden Klasse und von der früheren Regierung, weil die Männer mit den Gewehren fürchteten – zu Recht oder zu Unrecht –, daß der neue Präsident sie nicht weiter unterstützen würde. Zwei Präsidentschaftskandidaten wurden ermordet und viele Wähler umgebracht.

Die zweite Präsidentenwahl verlief ruhig. Eine Marionette der Armee wurde in dieser Pseudowahl zum Präsidenten gemacht. Er blieb mehr als vier Monate im Amt, bis der General, der nach dem Sturz Duvaliers die Macht übernommen hatte, der bürgerlichen Tendenzen des neuen Präsidenten überdrüssig wurde und ihn absetzte. Dieser General jedoch, wieder im Amt, zeigte sich noch unmenschlicher, boshafter und grausamer als zuvor. Die Situation verschlimmerte sich für die Bevölkerung und für jene, die mit ihr zusammenarbeiteten. Jedermann hatte Angst, und sehr viele Oppositionsführer und Menschenrechtler, aber auch Männer und Frauen wie wir mußten sich zeitweilig oder dauernd verstecken.

Todesschwadrone streiften jede Nacht durch die Straßen. Es wurde stets geschossen. Jeden Morgen lagen Tote herum. Auf der Straße trieben sie die Waisenkinder zusammen, die bei mir Nahrung, Unterkunft und ein wenig Zuneigung suchten, warfen sie ins Gefängnis von Fort Dimanche und verprügelten sie, bis sie quer über den ganzen Körper Striemen aufwiesen. Sie jagten die Animatoren der Alphabetisierungskampagne und töteten sie. Sie verfolgten Journalisten durch die Straßen und bedrohten sie per Telefon. Sie folterten und töteten Mitglieder der Jugend- und Bauernorganisationen. Auch Studenten fielen den Kugeln zum Opfer. Ein Priester wurde des Landes verwiesen. Und die haitianischen Bischöfe blieben stumm ...

Während dieser Zeit des Alptraums, als unser Lebenswille und das Licht der Solidarität nur noch schwach brannten, versuchten wir, die Hoffnung im Herzen des Volkes wachzuhalten. Wir zogen uns in unser Innerstes zurück, wo nur ein schwaches, aber vielversprechendes Licht leuchtete, und hielten Ausschau nach der Hoffnung, unserer Lebensnahrung. Wir fanden die Hoffnung, im Tiefsten unserer Existenz, und wir brachten sie herauf mit den bloßen Händen, um sie mit unseren Brüdern und Schwestern zu teilen. Wir gruben unter den sterbenden Wurzeln des korrupten Systems und stöberten nach den letzten Funken Lebens – und wir fanden sie!

Man hofft immer auf etwas, auch in den schwärzesten Zeiten und an den dunkelsten Orten, solange man die Kraft hat und sich gerufen fühlt, diese Hoffnung zu suchen, sie zu zeigen und zu teilen. Man hat immer eine Hoffnung, auch wenn Soldatenstiefel auf ihr herumtreten und sie zermalmen wollen. Sie kann wie ein glühendes Feuer nicht ausgelöscht werden. Das Feuer befindet sich unter der Erde, wie das Feuer eines Kohlenmeilers; alles, was es braucht, ist ein wenig Luft, etwas Sauerstoff und ein leises Fächeln... Und schon zündet es, flammt auf, bricht durch die Oberfläche und wird zum reinigenden Feuer, das eines Tages – wenn wir eifrig und sorgfältig zusammenarbeiten – zu einer gleichmäßigen und dauerhaften Flamme wird, über der wir gute und nahrhafte Kost für alle Haitianer kochen können. Eines Tages wird dieses reinigende Feuer den bescheidenen Küchenherd des armen Mannes heizen.

Das ist unsere Arbeit: das Feuer der Hoffnung anfachen und es zu einem Werkzeug für das Volk machen. Gerade darum bemühten wir uns in jenen düsteren Tagen. Wir wollten den Leuten helfen, vernünftig über ihre Zukunft und über neue Möglichkeiten nachzudenken, wie sie aus diesem höllischen Gefängnis einen Weg «herausbrennen» konnten. Es war keine einfache Aufgabe. Jedesmal, wenn wir unsere Meinung deutlich äußerten, kamen wir dem gewaltsamen Tod näher, wir und die andern bei uns: unsere Freunde, unsere Familie, das ganze haitianische Volk.

Laßt mich mit meiner Geschichte weiterfahren. Mehr als ein Jahr nach dem Überfall in Freycineau kam an einem Sonntag morgen ein Mann mit einem Gewehr in die vollgestopfte Kirche, während ich die heilige Messe feierte. Die anwesenden Gläubigen packten den Eindringling und entwaffneten ihn. Ich nahm die Waffe und die Munition und wollte sie – wie schon einmal – dem Nuntius überbringen. Doch die Zeiten hatten sich geändert, ich war nicht mehr so beliebt beim ihm. Seinerzeit war er stolz auf mich, denn wir beide hatten ja mitgeholfen, das Land von Duvalier zu befreien. Leider hörte mit dem Fall des Diktators sein Interesse für eine Veränderung auf. Er sorgte sich nicht um das Weiterbestehen des korrupten und ungerechten Systems, das Duvalier hinterlassen hatte. Hingegen ärgerte er sich über mein beständiges Schreien gegen die fortdauernden Ungerechtigkeiten.

Nein, der Nuntius konnte mich nicht mehr brauchen. Und selbst die spärlichen Bande, die ein Glied der Kirche mit dem anderen verbinden sollten, hätten ihn nicht dazu gebracht, die Waffe aus meiner Hand entgegenzunehmen, was doch seine Pflicht und Schuldigkeit gewesen wäre! Aus diesem Grund rief ich die Kommission «Justitia et Pax» (Gerechtigkeit und Frieden) an. Zwei Vertreter dieser Organisation kamen zu mir, und ich übergab ihnen die Waffe.

Zwei Tage später zelebrierte ich wie gewöhnlich eine Jugendmesse. Jeden Dienstag abend hielten wir in St. Jean-Bosco Gottesdienst. Ich sagte zu den Jugendlichen: «Die Spannung ist jetzt zu groß; es ist zu gefährlich. Wir dürfen die heilige Messe nicht feiern.» Aber sie insistierten und meinten: «Wir sind hierhergekommen, damit du für uns die heilige Messe zelebrierst. Wir möchten unseren Glauben bekennen.» So feierte ich unverzüglich eine Messe, damit sie noch vor der Abenddämmerung heimgehen konnten. Doch noch bevor sie die Kirche verließen, ergoß sich ein Steinregen über uns, über die Kirche und über den Kirchhof. Männer hatten den Platz umzingelt, die Steine prasselten auf uns nieder und Schüsse bellten. Wir versteckten uns und warteten, bis sie gegangen waren. Dies war jedoch nur eine Warnung, ein kleiner Vorgeschmack des Greuels, der schon bald über uns herfallen würde.

Im September 1988 ging ständig das Gerücht durch die Stadt, daß uns die Tontons Macoutes am Sonntag angreifen würden. Vier Tage lang hörte ich dieses Gerücht über mögliche Vorfälle in St. Jean-Bosco. Natürlich war es nicht das erste Mal, daß ich solche Gerüchte hörte. Es hieß immer, daß die Macoutes kommen würden, um uns niederzuschlagen, uns zu töten und die Kirche zu plündern. Wenn ich auf jedes Gerücht gehört hätte, hätten wir wohl seit Duvaliers Sturz die heilige Messe keine zehn Mal feiern können! Stets hörte ich Gerüchte von Drohungen, Todesnachrichten, Mordversuchen, Angriffen und Berichten über Männer, die Geld erhalten hätten, um mich zu töten. Es war eigentlich wie früher, nur viel intensiver. So horchte ich und spitzte die Ohren; denn im allgemeinen treffe ich nur Entscheidungen, die mit der Meinung der Mehrheit der Leute übereinstimmen, mit denen ich zusammenarbeite.

Obwohl die Jugendlichen Angst hatten, beschlossen sie, daß wir wie gewohnt am Samstag Gottesdienst halten würden. Doch da vernahm ich von jemandem (aus dem Ort, wo sie ein Massaker planten), daß Männer mit roten Armbinden uns am folgenden Morgen angreifen sollten. Sofort rief ich die Jugendlichen zusammen, um sie zu informieren. Allein wollte ich nicht entscheiden. An jenem Samstag abend beschlossen wir, am Sonntag früh wie gewohnt Gottesdienst zu feiern. Gewöhnlich war nicht ich es, der diesen Gottesdienst hielt, daher konnte ich erwarten, daß die Männer mit den roten Armbinden ihr keine Aufmerksamkeit schenken würden. Dann würden wir, je nach Anzahl Messe-Teilnehmer und allgemeiner Stimmung, miteinander beschließen, ob die Messe um neun Uhr, wo ich gewöhnlich predigte, stattfinden solle oder nicht. Die Nacht ging vorüber. Viele der jungen Leute wachten. Während der Sechs-Uhr-Messe blieb ich in meinem Schlafzimmer, in einem Haus gegenüber dem Kirchhof. Die Jugendlichen kamen und erzählten mir, daß nur wenige Gläubige in der Messe waren. Ich erwiderte: «Gut, dann laßt uns die Kirche schließen; wir feiern um neun Uhr besser keinen Gottesdienst.» Und ich ging wieder hinauf in mein Zimmer.

Um halb neun Uhr läutete das Telefon. Ich hob den Hörer ab und vernahm, daß viele Leute in der Kirche auf die Neun-Uhr-Messe warteten. Die Messe müsse also zelebriert werden. Ich sagte: «Hör mal, wir hatten doch alle beschlossen, um neun Uhr keine Messe zu feiern!» Der junge Mann am anderen Ende erwiderte: «Nicht ich habe so entschieden, sondern das Volk Gottes, das sehr zahlreich gekommen ist und die heilige Messe feiern will!»

Ich zögerte. Ich wollte wissen, ob die Leute das Risiko kannten. Realisierten sie wirklich, wie gefährlich die Lage war? Der Junge antwortete: «Ja, sie kennen die Gefahr, aber ihr Glaube sagt ihnen auch, daß sie nicht wegrennen sollen, wenn der Feind sich nähert, und daß sie nicht zulassen dürfen, daß er sie vom Meßopfer wegjagt. Sie sind nicht gekommen, um zu streiten, sondern um zu beten. Warum sollte es ihnen nicht erlaubt sein, sich zu versammeln und zu beten? Sie brauchen diese Messe!»

Es war ein sehr schwieriger Entscheid! Ich wußte, daß Leute große Summen Geld erhalten hatten, um mich an jenem Morgen zu ermorden. Darum war ich persönlich gar nicht bereit, zu gehen und vor die Versammlung zu treten. Würde sich nicht die Wut der Mörder wegen meiner Gegenwart auch gegen die Gläubigen wenden? Ist es nicht besser, sie töten mich, wenn ich allein bin? Doch gleichzeitig quälte mich der Gedanke: Wenn die Mörder in die Kirche kommen und feststellen, daß ich nicht dort bin und sie mich nicht packen können – würden sie sich dann nicht aus lauter Wut rücksichtslos gegen die Gläubigen wenden? Der Entscheid fiel mir nicht leicht. So oder so, ich hatte Angst vor den möglichen Folgen meines Entscheides – für mich und für die Gemeinde. Schließlich dachte ich: «Was kann schon passieren, wenn die Mörder kommen und ich nicht da bin? Sie greifen meine Gläubigen ohnehin an. Würde man da nicht sagen, ich hätte vom Kommen der Mörder gewußt und meine Herde alleingelassen? Würde das nicht so aussehen? Vielleicht nur aus Furcht um mich selber hätte ich mich entschuldigen können, da das Volk leiden würde, mit mir oder ohne mich.» Diese Überlegungen führten mich schließlich zum Entscheid, mich zu stellen und den Gottesdienst zu feiern. Bis jetzt war ich immer dabei und hatte mit dem Volk gelitten. Diesmal drohte uns das Schlimmste, also mußte ich dabei sein.

So sagte ich mir: «Ich gehe zum Ölberg; wenn dies mein letzter Tag sein soll, dann will ich mein Kreuz tragen. Der Kampf um Licht und Leben wird auch ohne mich weitergehen, denn Gott ist Leben.» So zog ich in meinem Zimmer die liturgischen Kleider an und ging hinunter. Zwei Freunde kamen mir entgegen, ein Bub und ein Mädchen. Sie begleiteten mich. Aus ihren Gesichtern, ihren Stimmen und ihrem Verhalten fühlte ich die Angst und erschauderte. Ich sagte zu ihnen: «Das ist unser Kalvarienberg und der Weg zum Kreuz, wie für Jesus.»

Nein, es war kein leichter Entscheid, und als ich ihnen dies sagte, verspürte ich einen tiefen Schmerz, aber auch einen starken Mut, der uns zusammenhielt. Ich sah den Tod über uns und fühlte, daß er kommen würde. Für mich selber erahnte ich ihn schon lange, nicht jedoch für die anderen. Doch diesmal war es anders, denn mein Auftreten würde die Leute in Gefahr bringen. Mich drückte diese Last auf meinem Rücken wie ein schweres Kreuz. Aber ich war mir auch bewußt, daß meine Abwesenheit für sie noch schlimmere Folgen haben könnte. Ich mußte also zum Ölberg! Wenn unser Los einmal entschieden ist, haben wir keine Wahl mehr. Eigentlich ist es nicht unsere Wahl, sondern die Vorsehung, die für uns das Buch des Lebens schreibt. So ging ich zur Kirche hinüber und hinauf zum gesegneten Altar.

Die Tageslesung war aus dem Matthäusevangelium. Jesus sprach zu seinen Jüngern: «Wer mir nachfolgen will, der verleugne sich selbst, er nehme sein Kreuz auf sich und folge mir nach. Denn wer sein Leben retten will, wird es verlieren, und wer es um meinetwillen verliert, der wird es gewinnen.» Diese Worte stärkten und beruhigten mich in meiner Angst.

An jenem Sonntag entschieden sich viele Leute, der neuen Verfassung von Haiti ihren Respekt zu bezeugen und sich in Weiß zu kleiden (die Farbe, die im März 1987 getragen wurde, als das Volk über seine Verfassung abstimmte). Tatsächlich kamen viele in Weiß. Die meisten jedoch kleideten sich wie an den übrigen Sonntagen: in den Farben der Liebe, des Glaubens, in den Regenbogenfarben des Mutes, in patriotischer Kleidung. Allein schon die Tatsache, daß sie an jenem Tag in St. Jean-Bosco anwesend waren, als jedermann das Schlimmste erwartete, ist schon ein Zeugnis für ihre patriotische Gesinnung und ihren Mut. Ganz und gar nicht naiv und unwissend waren sie dort, sondern vielmehr, um zu zeigen, daß sie das Kreuz Jesu auf sich genommen hatten und daß sie es, trotz Bedrohung und Gefahr, durch ihr ganzes Leben tragen würden. An jenem Sonntag sagte ich zu den Gläubigen, daß sie in der Tat heute den Herrn nicht um Vergebung für ihre Sünden zu bitten brauchten, denn ihr Mut, mit dem sie hierhergekommen seien, hätte sie ganz gereinigt. Meine Mitmenschen, in blutrot und purpur gekleidet, warteten darauf, gegeißelt, verspottet und gekreuzigt zu werden.

Dann sagte ich zur Versammlung: «Laßt uns beginnen!»

Wir hatten eben das Evangelium verkündet – nicht mehr als fünf Minuten waren vergangen –, als ich von der Straße herauf den ersten Schrei, die ersten Steine und die ersten Schüsse hörte. Ein Windstoß von Panik kam die Straße herauf auf uns zu, getrieben von brüllenden Mördern, fliegenden Steinen und krachenden Gewehren. Während ich noch versuchte, die Leute zu beruhigen, damit sie sich nicht im Chaos noch selber verletzten, wurden sie in der Kirche schon von allen Seiten her beschossen. Eine Kugel verfehlte mich knapp und landete im Tabernakel. Das Mikrofon in der Hand, stand ich da und dachte, daß ein Hirte ausharren und zuerst oder anstelle der Schafe zu sterben hatte. Er durfte nicht wegrennen und diese zurücklassen. Ich fragte mich, wie ich die von größter Panik ergriffene Gemeinde beruhigen könnte. Ich fragte mich auch, ob unsere Solidarität sich mit dieser Gewalt messen konnte und ob wir fähig waren, im Geist der Propheten und des Evangeliums Widerstand zu leisten. Konnten wir der Panik Herr werden, die uns auseinandertrieb? Diese Panik tötete uns nur noch schneller, einen nach dem anderen. Ich schrie der Gemeinde immer wieder zu:

«Gepriesen sei der ewige Gott!», während in der Kirche weitergeschossen wurde.

Man sagte, an jenem Tag seien in der Kirche St. Jean-Bosco rund zwanzig Menschen gestorben. Auch die offiziellen Nachrichten sprachen von derselben Zahl. Es war jedoch wie beim Massaker von Fort Dimanche: Niemand wird je mit Sicherheit sagen können, wie viele Menschen an jenem Sonntag in meiner Kirche umkamen. Ich konnte selber sehen, wie die Mörder tote Gläubige vor die Kirche schleppten, um sie in Fahrzeuge zu laden, während durch den Chor, das Schiff, den Mittelgang und über die Köpfe der Gläubigen immer noch Kugeln flogen. Die Männer mit den roten Armbinden konnten aber nicht alle Verwundeten und Toten aus der Kirche schleppen. Es herrschte ein solches Chaos, daß viele auf einem Haufen in der Kirche zurückgelassen wurden. Sie hatten kurze Zeit später den Feuertod zu erleiden und reihten sich in die zahllose Schar der Märtyrer ein.

Jeder rannte und suchte, sich zu verstecken. Ein Mann wurde außerhalb des Kirchhofes angeschossen und brach zusammen, die Bibel in der Hand. Geschossen wurde von links und rechts. Ich sah eine schwangere Frau auf einer Kirchenbank sich schützend den Bauch halten. Man hatte sie gerade niedergestochen, sie war blutüberströmt. Ein Priester versuchte mit ein paar Leuten, der Frau zu helfen. Ich sah einen amerikanischen Journalisten den Mittelgang in zerrissenen Kleidern auf und ab rennen. Die Männer mit den roten Armbinden hatten sie ihm zerrissen, als er sich verteidigte. Eine Gruppe von jungen Frauen vor dem Hof bemühte sich, dem heftigen Angriff zu widerstehen. Der Versuch, mit unseren eigenen Waffen der Brutalität jener Männer zu widerstehen, stellte einen prophetischen, historischen Widerstand dar, den wir nie vergessen werden.

Unsere Waffe war die Solidarität, die uns zusammenstehen ließ. Unsere Waffen waren Steine, mit denen wir sie daran hinderten, über die Hofmauer zu klettern und in unsere Kirche zu gelangen, um uns zu ermorden. Wenn wir nicht in dieser Art widerstanden hätten, wäre der Angriff auf St. Jean-Bosco hundertmal schlimmer gewesen als das Wahlmassaker im November 1987. Hunderte von uns wären durch Knüppelschläge, Tritte oder Kugeln umgekommen, durch die Buschmesser in Stücke zerhackt oder erstochen worden. Die Mörder waren zu allem bereit, und sie wußten sich durch die Armee gedeckt. Gewehr bei Fuß schaute diese vom wenig entfernten Posten aus zu, wie ihre Komplizen mordeten. Eigentlich ein entscheidender Augenblick, der die Friedliebenden den Blutrünstigen und das Gottesvolk den Meuchelmördern gegenüberstellte. Die kriminellen Tontons Macoutes, die korrupten duvalieristischen Verbrecher, waren zu jeder Tat bereit. Sie wollten den Tod in die Gesichter jener spucken, die ohne tödliche Waffen in den Händen um ihr Leben kämpften. Während der ganzen Zeit, als der Tod sich gegen uns austobte, stand vor unserer Kirche das Militär, hinter ihr befand sich Fort Dimanche. Natürlich intervenierte niemand. Sie schauten nur zu. Mein Gott, erbarme Dich jener, die das Böse sehen und nichts dagegen tun! Sie sind ebenso schuldig wie die Meuchelmörder, deren Komplizen sie sehr oft sind. Drei Stunden lang dauerte das Drama.

Und was tat die Kirche in dieser Zeit? Wie hat sie uns geholfen?

Mein Superior hörte von den Ereignissen. Mit viel Mut bahnte er sich einen Weg durch die Kampfzone und kam zur Kirche St. Jean-Bosco. Ein tapferer Mann! Er stürzte sich mitten in die Schlacht, um uns zu retten. Er verhandelte mit den Führern der Kriminellen. Er erlaubte den Mördern, ihn zu demütigen. Er bot ihnen zu trinken an. Er tat alles, um die Lage zu beruhigen, und er bemühte sich gemeinsam mit uns, dem Morden ein Ende zu setzen.

Wo blieb nur in dieser ganzen Zeit der Nuntius? Was tat denn er? Er kam erst später. Als er schließlich von seiner Villa oben auf dem Berg herunterstieg, blieb er abseits auf der anderen Seite der Straße stehen, sah auf die brennende Kirche, schaute zu und wartete – ich weiß nicht worauf.

Aber es gab eine Salesianer-Schwester, die vor nichts und niemandem Angst hatte. Sie drängte sich durch das Kampffeld, um uns zu helfen. Sie trotzte allen Gefahren. Aber sie war nur gekommen, um die Salesianer zu retten, und opferte den Wölfen, wer nicht zur Familie der Salesianer gehörte, Freunde von mir und Freunde anderer Priester. Sie rettete die Salesianer und warf den Rest dem Teufel vor! Ach, meine Schwester, alle Leute sind doch menschliche Wesen, um die man sich sorgen soll!

Es gibt vielfältige Weisen, mit dem Tod umzugehen, Brüder und Schwestern. Es gibt heldenhafte Jugendliche, die sich dem Tod stellen und ihn mit unwirksamen Steinwürfen bekämpfen. Es gibt mutige Männer und Frauen, die mit dem Tod verhandeln und versuchen, ihn zurückzuschlagen. Es gibt auch Männer und Frauen, die kaltblütig dem tödlichen Treiben zuschauen können, als handle es sich bloß um einen interessanten Film; Erwachsene, die nichts anderes tun, als dem Kampf zuzusehen! Und es gibt auch Männer und Frauen, die den Tod kommen sehen und nur sich selbst retten, sich nicht um den Rest der Armen kümmern.

Inzwischen wütete das Feuer in der Kirche. Die Mörder hatten sie mit Benzin begossen und angezündet. Das Dach meiner prächtigen und geliebten Kirche war schon eingestürzt. Rauch qualmte überall hervor. Ganz Port-au-Prince konnte sehen, daß bei uns die Hölle los war, als ob sich in den Feuerflammen das Ende der Welt ankündigte! Für die meisten Leute war der Brand unserer Kirche rätselhaft, war doch die Kirche von allen Seiten von Polizei umgeben. Doch diese kreuzte die Arme und schaute zu. Sie beschützte die Mörder und die Brandstifter, die unsere Kirche niederbrannten, ungestraft weiter töteten und stahlen – Feuer in der Kirche und Feuer in den menschlichen Herzen!

Schließlich begann die Polizei zu handeln. Die Polizisten schlugen mit den Gewehrkolben das Eingangstor zum Hof ein, das wir zu unserem Schutz abgeschlossen hatten. Mein Oberer eilte herbei, um zu sehen, was sie da machten, doch sie nahmen von ihm keine Notiz. Sie zerhieben die Kette und öffneten das Tor. Polizei und Kriminelle arbeiteten dabei Hand in Hand. Sie stürzten sich in den Innenhof, rasten umher und tobten sich weiter aus. «So, ihr seid diejenigen, die Freiheitskämpfer spielen!» schrieen sie die im Innenhof verbliebenen Gläubigen an, die sich angstvoll in einer Ecke zusammendrängten. Sie richteten die Gewehre gegen diese unschuldigen Leute und zwangen sie, die Hände über ihren Kopf zu halten – als ob sie bewaffnet gewesen wären! Und doch waren es bloß Leute meiner Pfarrei, die sich aus Marktfrauen, Lastenträgern, Schuhflickern, Näherinnen, Holzarbeitern, Schmieden sowie aus Vätern und Müttern mit ihren Kindern zusammensetzte. Doch bald danach verließ die Mörderbande den Hof.

Wir waren nun allein mit den Polizisten und einer Gruppe Krimineller in Zivilkleidung – alle schwer bewaffnet. Wir: das waren ein paar Salesianerpriester und einige Freunde, darunter ein gutbekannter Führer der Bauernbewegung vom Plateau Central. Ein Hauptmann kam und befahl uns, den Platz sofort zu verlassen, da er unsere Sicherheit nicht garantieren könne.

Das war unsere haitianische Armee, zuverlässig und glaubwürdig! Das war unsere Armee, die Beschützerin unseres Lebens und unseres Eigentums! Sie schaute zu, wie wir brannten und starben, sie schaute zu, wie wir erstochen und erschossen wurden, sie hörte zu, wie wir schrieen vor Schmerz. Und nun sagt sie, sie könne unsere Sicherheit nicht garantieren! So übt die Armee ihre Gewalt aus in unserem Land, Brüder und Schwestern. So sind die Beschützer unseres abscheulichen Systems! Sie töten jeden Veränderungswillen und jeden Fortschritt. Sie sind stark und ihren Meistern treu, aber grausam und feige im Umgang mit dem Volk. Sie stammen aus dem Schoß des Volkes und aus dem Herzen der Armenviertel, wenden sich aber jetzt gegen ihre eigenen Leute und greifen ihre eigenen Armenviertel an. Und all dies für ein paar Dollars die Woche! So wie die Armee an jenem Sonntagmorgen mir und meinen Brüdern und Schwestern in Christus keine Sicherheit garantieren konnte, kann sie auch die Sicherheit Haitis und der haitianischen Bürger nicht garantieren. Es ist an uns, unsere Sicherheit in die Hand zu nehmen und der alten und gemeinen Institution die Macht zu entreißen. Die Männer der Armee und die Männer des Volkes müssen eine neue Wahl treffen: Sie sollen fortan nicht mehr ihre Herren schützen, sondern ihre Brüder und Schwestern!

Und so gingen wir. Ich füllte meinen kleinen Koffer, packte einige Hemden ein und begab mich mit der Salesianerschwester, von der ich gesprochen habe, zur Ausgangstreppe. Sie war meine Sicherheit, meine Leibwächterin. Und nach meiner Meinung war sie eine bessere Leibwächterin als die haitianische Armee. Als wir die Treppe hinunterstiegen, nickte mir einer aus der Mörderbande unmerklich zu und flüsterte: «Zeig dich nicht!» Ich zog mich zurück. Später vernahm ich, daß sie vorhatten, mich zu erschießen, sobald ich an der Ausgangstür erschien. Da dies nicht gelang, nahm der Hauptmann seinen Abreisebefehl zurück und erlaubte uns zu bleiben.

Nun begannen sie, meine Wohnung zu durchsuchen – eine weitere Demütigung für uns. Kriminelle durchsuchen Unschuldige! Bewaffnete Männer überprüfen Unbewaffnete! Verbrecher kontrollieren ihre Opfer! Welch eine verkehrte Welt ist das, Brüder und Schwestern! In unseren Breitengraden sind die Ordnungskräfte Kriminelle und die Unschuldigen Sünder! Diejenigen werden verachtet, die das Gesetz respektieren. Die Armee schützt unser Leben, indem sie uns tötet. Sie sagt uns, sie brenne unsere Kirche nieder, um sie zu verteidigen . . .

Die Ganoven haben schon immer die Armee gegen das Volk eingesetzt, so wie das kalte Land im Norden es getan hat, als es von 1915 bis 1934 Haiti militärisch besetzte. Sie hatten eine haitianische Armee auf die Beine gestellt und sie instruiert, gegen das eigene Volk zu arbeiten! Ich sage dies, um die haitianischen Soldaten zu zwingen, sich dieser Wahrheit zu stellen: Die Männer der Kerntruppe müssen merken, daß sie, die Söhne unseres Volkes, gegen sich selbst ausgespielt werden. Daher sind in der Armee die Soldaten selbst die Opfer. Sie sind nicht gegen Zivilisten aufgehetzte Kriminelle, aber sie gehören zu einer Armee, die gegen das Volk und gegen die Kinder des haitianischen Volkes aufgestellt wurde.

Ich akzeptierte den Befehl, daß sie mein Pfarrhaus durchsuchten. Ich ging hinauf und setzte mich in einen Sessel im Gemeinschaftsraum, mit dem Rücken zum Fernsehapparat. Mindestens fünfzig Männer, einige von ihnen in Uniform, andere in Zivil, umgaben mich. Alle waren bewaffnet. In meinem kleinen Zimmer im Erdgeschoß drängten sich fast ebenso viele Leute zusammen und durchsuchten es. Einer der Männer nahm mir gegenüber Platz und richtete sein Gewehr auf mich. Er begann, zu fluchen und mich anzubrüllen. Ich fürchtete, daß er in seinem Zorn abdrücken könnte. Ein anderer stand hinter mir, beobachtete den wütenden Mann und verhütete vermutlich, daß er mich erschoß. Ich selber saß da und schaute den Kerl nur an. Vielleicht machte ihn dies noch rasender, denn er konnte nicht verstehen, wie ein Mann, der bald zu sterben hatte, der gesehen hatte, was mit seiner Kirche und seinen Leuten geschah, und der ahnte, was in Bälde auch ihm widerfahren würde, einfach so dasitzen und warten konnte. Mir wurde klar, daß ich ihm völlig ausgeliefert war. Wer fähig ist, ein betendes Gottesvolk in ein Blutbad zu stürzen, und dies ohne Scham vor der gesamten Weltöffentlichkeit, für den ist der Mord an einem einzelnen Menschen eine Kleinigkeit.

Schließlich sprang er auf und schrie: «Durchsucht ihn, es ist Zeit, ihn zu beseitigen!» Er schrie und lärmte wie ein Verrückter und begann, mit dem Mann hinter mir zu streiten. Ich lehnte mich zurück, damit die beiden leichter diskutieren konnten. Doch plötzlich drehte sich mein Sessel und ich erblickte den Mann hinter mir. Er sah mich an und sagte zum anderen: «Ich bin ein Klassenkamerad von P. Aristide!» Doch dadurch wurde ihr Streit nur noch hitziger, so wie ein Feuer doppelt so groß wird, wenn man Benzin statt Wasser hineingießt. Der eine wollte mich töten, der andere retten. Sie waren entzweit – und verwirrt. Sie waren nicht wegen meiner Kraft, meiner Intelligenz oder meiner Geschicklichkeit im Zwist oder wegen etwas, das ich getan hatte, sondern wegen der Kraft des Lebens, die vorwärts drängte, wie für den heiligen Paulus, um zu beweisen, daß diese Kraft das Leben Gottes war, das diese Verbrecher so verwirrte.

Dann befahl der Zornige: «Nehmen wir den Kerl hinunter, und wenn alle hinausgegangen sind, erledigen wir ihn!» Doch der Mann hinter mir ließ mich nicht allein hinuntergehen. Er wollte mich nicht dem verantwortungslosen Burschen überlassen. So war ich für einen Augenblick gerettet. Dann riefen mich die bewaffneten Zivilisten, die mein Zimmer durchstöberten, damit ich ihnen zuschaue. Ich tat wie befohlen. Es war sehr hart für mich. Etwa fünfzig Männer befanden sich in meinem kleinen Raum und suchten in meiner Bibliothek nach schlechten Büchern. Sie fanden eines von Marx und schrieen: «Kommunist!» Wahrscheinlich hätten sie mich auf der Stelle getötet für die einzige Sünde, ein Buch von Marx gelesen zu haben. Doch einer der Hauptleute beschwichtigte sie. Man soll stets vor Augen haben, daß man in einer Gruppe, so gut oder schlecht sie auch sein möge, immer auch Anhänger findet. Sie machen Veränderungen möglich.

Die Hausdurchsuchung ging weiter, von oben bis unten, in jedem Zimmer. Jeder Winkel wurde durchsucht, und vieles wurde gestohlen. Die Titel jedes Buches wurden genau überprüft von denjenigen, die lesen konnten. All das war Teil einer Strategie. Sie rechneten ja kaum damit, in einer Priesterwohnung Waffen, Granaten und Pläne für einen Umsturz oder gar Geld für eine Revolution zu finden. Sie taten dies nur, um die Nacht abzuwarten, damit sie mich und den Bauernführer unerkannt ermorden konnten – so würde niemand das Gesicht jenes Mannes erkennen, der geschossen hatte. Es war schon fünf Uhr nachmittags, und das Massaker hatte um neun Uhr morgens begonnen! Sie ließen sich Zeit und schlenderten durch die Gänge unseres Hauses bis zum Sonnenuntergang. Zum Glück nimmt sich die Sonne Haitis viel Zeit, um unterzugehen. Und selbst der qualmende Rauch aus der Kirche an einem Sonntag morgen oder an einem Sonntag nachmittag konnte die kräftigen Strahlen unserer Sonne nicht verdunkeln.

Endlich, endlich zogen sich die Soldaten zurück. Sie hätten ihre Mission erfüllt, sagten sie. Aber sie ließen uns allein mit den bewaffneten Zivilisten, den grausamsten der ganzen Horde. Meine Freunde und Kollegen und die um mich versammelten Brüder und Schwestern: wir alle stiegen miteinander die Treppe hinunter, und die Kriminellen hielten uns nicht auf. Bei der Eingangstüre bestiegen wir ein Auto und fuhren durch den Innenhof an das Tor, das zum Kirchplatz führte. Durch ein weiteres Tor gelangten wir zur Straße. Keine Strecke schien mir je so lang wie diese hundert Meter. Die Männer mit den roten Armbinden standen immer noch im Hof und auf der Straße herum. Ihre Hände waren voll von Mordgeld, das ihnen die obersten Verbrecher ausbezahlt hatten. Ihre Gürtel waren behangen mit Waffen und ihre Köpfe voller Drogen. Sie hatten Lust auf mehr Boshaftigkeit und Gemeinheiten. Doch was getan werden mußte, war getan. Was gesagt werden mußte, war schon gesagt. Wer aufstehen konnte, war aufgestanden. Wer fallen mußte, ist gefallen. Was dort an jenem Sonntag getan wurde, das blieb für immer getan. Doch mich hatte die Kraft des Lebens wieder erfaßt und durchdrungen. Sie half uns auf der Flucht, öffnete den Weg und das Tor. Sie tat alles, was notwendig war. Die Rotarmigen standen immer noch auf der Straße herum, sahen mich aber nicht im Wagen. So fuhren wir mitten durch sie hindurch, und sie stürzten sich nicht auf uns. Wir fuhren an einen Ort, wo wir uns mit der Hilfe Gottes verstecken konnten.

Als die Leute von diesen Vorfällen hörte, waren sie baß erstaunt, daß wir noch am Leben waren. Ich glaube, wenn wir nur mit dem Verstand eine Erklärung dafür suchen, werden wir sie nicht finden.

Die Antwort liegt tiefer, als unser Verstand reichen kann. Viele meinen, daß sei Magie. Nun, wenn sie Gott einen Magier nennen, dann war es magisch. Einige sagten, es sei der Zauber des Wodu – die Religion Haitis –, die uns gerettet hätte. Nun gut, wenn wir Gott einen Zauberer nennen, dann war es wirklich ein Zauber, der uns gerettet hat. Wer weiß, was uns an jenem Tag vom Tod verschont hatte? Sicher beweist dies, wie weit eine scheinbar winzige Kraft gehen kann, um eine größere Kraft zu bezwingen. Und das kommt nicht oft vor.

Dieser Sieg war schließlich unser Sieg! Die Seite der Märtyrer hatte triumphiert. Unser Sieg wurde vollendet für und durch das haitianische Volk, wurde erreicht für und durch die Gläubigen der Pfarrei St. Jean-Bosco, die durch den Kugelhagel und die Feuerflammen hätte ausgerottet werden sollen, die aber aus dieser Todessituation hervorging mit neuem Feuer von Hoffnung und Leben. Die Gemeinde Don Bosco steht heute neben ihren toten Kameraden im Schatten ihrer ausgebrannten Kirche und bezeugt dem übrigen haitianischen Volk ihre Hoffnung auf ein Leben in Fülle. Es bringt uns mehr Segen, wenn wir von einem staubigen Haufen Trümmer herab mit einer hungrigen Gemeinde sprechen, als wenn wir in einer prächtigen Kathedrale von einem luxuriösen Altar aus bestgenährten Gläubigen predigen.

So wird uns Gott durch das Tal des Todes führen und uns am Ende unserer Reise an der sonnigen Kreuzung des Lebens wiederfinden. So wird uns Gott drängen, auf den angstvollen, mit Regen, Unsicherheit und Mord bedeckten Hauptstraßen weiterzureisen, um uns beim Morgengrauen mit unserem beschädigten Wagen und vier platten Reifen in ein sorgenfreies Dorf zu führen. So wird uns Gott in der Not drängen, auf den mit Blut und Verfolgungen bedeckten Schlachtfeldern weiterhin für das Leben zu kämpfen, damit wir aus den mit Gebeinen und Asche übersäten Feldern Leben ernten. Dort in der Wüste, wo Ihr das Leben nicht zu finden glaubt, dort werdet Ihr plötzlich die Zeichen Gottes finden, die Zeichen der Erneuerung, des Sprießens, des Aufkeimens und Blühens aus ausgetrockneter Erde – mit großer Kraft, mit der Kraft Gottes. Im trockensten Monat werdet Ihr an den Spitzen der Zweige neue Ansätze von Leben finden. Unter den Steinen der Wüste keimt eine Blume, eine zarte Knospe neuen Lebens.

Erinnert Ihr Euch an die Frau, die ich an jenem Tage in der Kirche sah, wie sie aus ihrem Bauch blutete und auf die Stelle drückte, wo man sie gestochen hatte? Wie sie weinte und um das Kind in ihrem Schoße bangte? Hier ist wieder eine Geschichte des Lebens, das dort sprießt, wo wir den Tod erwarten. Es ist die Geschichte eines Kindes, dem wir dann den Namen «Hoffnung» gaben. Die Frau blutete unablässig, während die Mörder in meiner Kirche am Werk waren. Sie haben sie dort gestochen, wo sie ihr am meisten schaden konnten. Diese Männer sahen eine Mutter und wollten das Kind in ihrem Schoße töten. Das ist reiner Wahnsinn. Irgendwie hat man die blutende und weinende Frau ins Krankenhaus gebracht.

Jedermann in Port-au-Prince hat die Geschichte des gottlosen Angriffs gegen die junge Mutter und ihr ungeborenes Kind gehört. In jener Nacht, nach dem Massaker, gingen die Verbrecher zum Universitätsspital und durchsuchten die Gebärabteilung. Sie hatten vernommen, daß die Frau überlebte und wollten sie nun töten, um den Leuten zu zeigen, daß es in dieser Welt keine Hoffnung gibt. Sie verlangten von allen Müttern in der Gebärabteilung, ihre weißen Spitalhemden zu heben, um so die Frau mit der Bauchwunde zu finden. Welch eine Schamlosigkeit! Doch sie fanden die Frau nicht, denn man hatte sie in ein weit entferntes Krankenhaus gebracht. Dort – oh Wunder! – gebar sie nach einem Kaiserschnitt ihr Kind, das zwar verwundet, sonst aber frisch und gesund war. Die Mutter nannte ihr Kind «Esperancia», «Hoffnung», weil die Geburt dieses Kindes gezeigt hatte, daß die Mörder, Verbrecher und Kriminellen, Polizei, Militär, der Präsident und alle seine Komplizen die Hoffnung in Haiti nie vernichten, uns selber nie töten und unsere jugendlichen Hoffnungen mit allen Messern und Gewehren nicht zerstören können. Die Geburt des Kindes mit dem Namen «Hoffnung» zeigte, daß aus dem verwundeten alten Leib ein neues Haiti geboren werden kann, daß trotz aller Greuel, die Haiti heimsuchten, neues Leben hervorgehen kann, wenn seine Freunde ihm nur helfen, es beherbergen, beschützen und ihm bei der Geburt behilflich sind. «Hoffnung»: so heißt die neue Generation meines Landes!

Wenn ich zuweilen an die Drangsale und Leiden denke, die das haitianische Volk erdulden muß, sowohl daheim wie auch auf dem

Meer, wenn sie anderswo ein besseres Leben suchen; wenn ich manchmal an meine eigene Geschichte während der vergangenen drei Jahre und an die Geschichte des haitianischen Volkes in demselben Zeitraum denke, kommt mir die Reisebeschreibung des heiligen Paulus in den Sinn: «Dreimal wurde ich ausgepeitscht, einmal gesteinigt, dreimal erlitt ich Schiffbruch, eine Nacht und einen Tag trieb ich auf hoher See. Ich habe weite Wege zurückgelegt und war gefährdet durch Flüsse, gefährdet durch Räuber, gefährdet durch das eigene Volk, gefährdet durch Ungläubige, gefährdet in der Stadt, gefährdet in der Wüste, gefährdet auf dem Meer, gefährdet durch falsche Brüder. Ich erduldete Mühsal und Plage und durchwachte viele Nächte; ich ertrug Hunger und Durst, häufiges Fasten, Kälte und Blöße.» (2Kor 11,25-27)

Persönlich, körperlich und geistig wurde ich am Tag des Massakers von der endlosen Schmerzenslitanei erlöst. Wie der heilige Paulus, als er in Damaskus der Garnison des Königs Aretas entfloh, fühlte ich mich aus der Hand der Mörder errettet, «durch ein Fenster in einem Korb die Mauer hinuntergelassen» (2Kor 11,33). Mehr durch Zufall und Glück war ich ihren Händen entwischt. Aber wir werden nicht immer so glücklich sein, Brüder und Schwestern. Unser Lebenswille wird sich nicht immer behaupten können.

Die Kirche Haitis brauchte viel Zeit, sehr viel Zeit, um endlich auf die Ereignisse in meiner Pfarrei zu reagieren. Ich kenne die Gründe für diese Verzögerung nicht – eine Verzögerung von mehreren Wochen, während derer wir nur das Schweigen hörten, das Schweigen der Bischöfe und des Nuntius! Schließlich veröffentlichten sie eine Botschaft, in der sie den Angriff auf eine Kirche während der Messe bedauerten. Sie nannten jedoch weder den Namen der Kirche noch den Namen des Priesters. Ich glaube, daß dieses besondere Stillschweigen ein Zeichen der Mitschuld ist: Die Hierarchie – die haitianischen Bischöfe, der Nuntius und der Vatikan – fühlte sich letztlich nicht berührt und blieb vorsichtig; sie wollte den Namen des angegriffenen Priesters und der zerstörten Kirche nicht nennen, weil sie nicht als Verteidiger jener besonderen Kirche und jenes Priesters angesehen werden wollte. Das Schweigen der Bischöfe und des Nuntius hat jedoch die Solidarität in der einen Kirche unseres Herrn Jesus Christus zerstört. So einfach war es, die

Solidarität zu ruinieren, die während so vielen Jahren des Widerstandes gegen die Diktatur Duvaliers aufgebaut worden war!

Auf alle Fälle ist es klar, daß das öffentliche Massaker in meiner Kirche wie eine mit Blut geschriebene Lektion wirkte, die jetzt auf den Mauern aller Kirchen Haitis geschrieben steht. Sie offenbart mit wenigen Worten, aber in sehr blutigen Bildern, was für ein Spiel von der Regierung und von der Armee Haitis gespielt wurde. Beide hängten sich gegenseitig die Waffen um die Schultern und richteten mit ihren noch freien Händen Messer, Speere und Buschmesser gegen die Kinder, welche die nächste Generation meines Volkes bilden – Kinder, welche die Zukunft und die Hoffnung unseres Landes sind.

Wie oft noch, meine Brüder und Schwestern? Haben wir nicht schon genug geweint? Haben sie nicht schon genug von unserem Blut vergossen? Ist für uns die Zeit immer noch nicht gekommen, uns aufzulehnen und ihrer Gewalttätigkeit zu widerstehen? Ich bin überzeugt, daß es Zeit ist zu sagen: Nie mehr!

Der endgültige Schlag gegen mich kam kurze Zeit später. Ich war darauf gefaßt. Schon vielfach wurde mir ja damit gedroht. Die Salesianer, mein Orden, hatten mich aus ihrer Mitte ausgeschlossen, weil ich auf der Kanzel Politik betrieb. Ich erhielt ein Predigtverbot. Das Vergehen, dessen man mich anklagte, war das Vergehen, «Essen für alle» zu predigen. Das ist, was die Salesianer, die haitianischen Bischöfe und der Vatikan «Politik» nennen – sie alle hatten sich ja für meinen Ausschluß zusammengetan. Ihr solltet sie sprechen hören, Brüder und Schwestern. Mit trauriger Stimme und Kopfschütteln sagten sie: «Warum konnte er nicht mit den Armen arbeiten, Nahrungsmittel verteilen, eine Krankenstation bauen oder eine Schule eröffnen?» «Aber, aber», meinten sie im herablassenden Ton eines alten Mannes und sagten untereinander: «Die Rolle des Hirten ist es doch, die Wunden der Leidenden zu heilen. Warum konnte er dies nicht tun? Aber, aber!»

Ich jedoch lebe in Haiti. Haiti ist die Pfarrei der Armen. In Haiti genügt es nicht, Wunden zu heilen, denn jeden Tag werden neue geschlagen. Es reicht nicht, den Leuten für einen Tag Nahrung zu verschaffen, für einen Tag teure Antibiotika zu kaufen und sie zu lehren, ein paar Worte zu schreiben. Scheinheiliges Zeug! Am nächsten Tag hungern sie wieder, werden wieder krank und werden ewig nie selber Bücher kaufen können, in denen sie Worte lesen, die sie erlösen könnten. Auch Bohnen und Reis sind pure Heuchelei, wenn der Hirte nur einigen aus seiner Herde davon zuteilen kann und Abertausende noch hungern. Sicher kann der Hirte in jener Nacht besser schlafen, wenn er sich sagen kann: «Die Augen des kleinen Claudius strahlten heute heller, ich glaube, er gedeiht gut!» Vielleicht wird dies den Hirten beruhigen, obwohl für jeden kleinen Claudius, jeden kleinen Bob oder jede kleine Maria, denen er eine großzügige Schüssel Reis und Bohnen schenkte, es noch Hunderttausende gibt, die mit ihrem knochendürren Gesäß im Staub sitzen und an einer Mangofrucht lutschen und damit ihre Mahlzeiten für diesen Tag beenden. Ich habe sie gesehen, die Kinder, die der gute Hirt nie füttert . . .

Was hilft es denn dem Bauern, wenn der Pfarrer seine Kinder nährt? Für einen kurzen Augenblick ist er die Sorge los. Eine Nacht lang kann er besser schlafen, so wie der Pfarrer, weil er wenigstens eine Nacht lang dem Wimmern seiner hungernden Kinder nicht zuhören muß. Dafür ist er dankbar. Aber der gleiche ausländische, durch die USA subventionierte Reis, womit der Pfarrer die Kinder ernährt, wird auf dem Markt billiger verkauft als der selbst produzierte und ruiniert die haitischen Kleinbauern. Derselbe Reis also, den der Pfarrer den Kindern gibt, stößt den Bauern ins Elend. Er ist nicht mehr in der Lage ist, seine Kinder zu ernähren. Und unter denjenigen, die den ausländischen Reis verkaufen, gibt es Großgrundbesitzer, die dem Bauern für eine Tagesarbeit auf ihren Feldern nur 50 Rappen bezahlen. Die gleichen Männer profitieren also von den Lebensmitteln, die der Pfarrer den Kindern gibt und die den Bauern in äußerster Armut halten, in einer Armut ohne Ausweg.

Wäre es nicht besser – ich stelle diese Frage in aller Demut und Bescheidenheit – für den Bauern, sich mit seinesgleichen zusammenzuschließen und die großen Landbesitzer zu zwingen, ihren Taglohn zu erhöhen? Wäre es nicht weiser und christlicher, wenn der Pfarrer, während er jene Kinder füttert, den Bauern helfen würde, sich zu organisieren? Ist dies nicht ein besserer Weg, um das Schreien der hungernden Kinder für immer zu stoppen? So lange der Pfarrer weiterhin den Kindern der Bauern zu essen gibt, ohne dem Bauern gleichzeitig aus seiner Armut herauszuhelfen, so lange wird der Bauer nie seinem demütigenden Los entrinnen, in das ihn ein korruptes System immer tiefer hineinzwingt. Erst wenn der Pfarrer die Kinder nicht nur ernährt, sondern auch die Bauern organisiert, kämpft er wirksam gegen das korrupte System und beendet es. Was ist nun christlicher und evangelischer?

Mit vielen meiner Kollegen in der Armenpfarrei wählte ich den zweiten Weg. Auch Ihr habt diesen Weg gewählt, Brüder und Schwestern. Ich half der Jugend, sich zu organisieren, und predigte die Befreiung aus der Armut. Ich ermutigte meine Gemeinde zur Hoffnung und zum Glauben an ihre eigene Kraft. Für mich ist dies ganz einfach eine Option für das Leben statt für den Tod. Ich predigte meiner Gemeinde vom Leben – nicht vom aktuellen Leben in Haiti, einem Leben in Schmutz, feuchten Kartonwänden, Müll, Finsternis, Hunger, Krankheit, Arbeitslosigkeit und Unterdrükkung, sondern von einem Leben, das jeder unbescholtene arme Mann leben sollte: ein Leben in einem trockenen Haus mit einem Boden und einem guten Dach, an einem mit Nahrung gedeckten Tisch, frei von heilbaren Krankheiten, mit einer sinnvollen Beschäftigung und stolz auf den Ertrag, den er auf seinen eigenen Feldern erarbeitet hat.

Der einzige Weg für den Armen in Haiti, ein anständiges Leben zu fordern, ist der Weg eines Animators, der die Leute lehrt und sie dazu ermutigt, sich selbst zu verteidigen und sich gegen das System der Gewalt und der Korruption zu wehren, die unser eigenes Leben und das unserer Kinder ruiniert. Ich habe meine Leute aufgerufen, sich zu wehren, und ich würde mich als Heuchler fühlen, hätte ich dies nicht getan. Ich würde lieber sterben, als meinen Leuten gegenüber zu heucheln und sie zu verraten, lieber sterben als sie weiterhin in der Pfarrei der Armen zurückzulassen.

Öffnet mit mir Eure Augen, Schwestern und Brüder. Es ist Morgen. Die Nacht war sehr lang. Nun beginnt am Horizont das Morgengrauen. Rauchfahnen steigen von den kleinen Hütten des Dorfes auf. Der Himmel färbt sich. Eine Stunde später rennen die Kinder in ihren sauberen und gut passenden Uniformen und mit ihren neuen Büchern unter dem Arm zur Schule. Frauen, mit Schuhen an den Füßen, begeben sich auf den Weg zum Markt, einige auf Pferden und Eseln und andere auf Motor- oder Fahrrädern. Sie alle benützen die neugepflasterte Straße, auf der für den heutigen Tag die Leute auch mit den Bussen zum Markt fahren. Und wenn Ihr die Ohren spitzt, könnt Ihr hören, wie die Leute in den Häusern ihre Hahnen öffnen und wie das rauschende Wasser fließt. Dann kommen lachende, glückliche, starke und wohlgenährte Männer heraus mit blitzenden, neuen Werkzeugen in den Händen. Sie sind auf dem Weg zu ihren Feldern. Eine neue Bewässerungsanlage ist eingerichtet worden. Die Felder wachsen und gedeihen, wo vorher fast nur Wüste war. Im ganzen Dorf könnt Ihr das Lachen von glücklichen Leuten hören, die einander vergnügt Späße und Geschichten erzählen.

Das ist das Dorf, das ich «Hoffnung» nenne. Der Tag wird kommen, an dem es dieses Dorf geben wird, obwohl es heute eher Dorf der Hoffnungslosigkeit heißt und die Einwohner Lumpen tragen und keinen Grund zum Lachen haben. Wenn wir uns in dem Dorf, das ich «Hoffnung» nenne, umsehen, dann bemerken wir, daß sich noch nicht viel veränderte, seitdem es den Namen «Hoffnungslosigkeit» erhalten hat.

Was sich geändert hat, ist dies: Jeder ißt sein bescheidenes Frühstück, eine neue Straße wurde gebaut, die Kinder erhalten neue Bücher, die Frauen tragen Schuhe, und es gibt fließendes Wasser und eine Bewässerungsanlage. Das sind nicht viele Veränderungen, und doch können diese wenigen die Hoffnungslosigkeit in Hoffnung verwandeln. Wir müssen uns nur organisieren, dann könnte in einem Jahr schon dieses Dorf der Hoffnung in allen unseren Ländern stehen: Hoffnung in El Salvador, Hoffnung in Honduras und Hoffnung in Guatemala. Dies wäre ein ehrenwerter Titel für eine Armenpfarrei!

Verlassen wir unsere alten Heime aus Sperrholz und Dreckböden! Übergießen wir sie mit Benzin und brennen wir sie nieder! Und dann kehren wir diesem Feuer und dieser jämmerlichen Lebensart den Rücken, schreiten Hand in Hand, ruhig und besonnen, voran in die Dunkelheit, die dem Sonnenaufgang der Hoffnung vorausgeht. Laßt uns einander vertrauen, uns gegenseitig im Glauben stärken und niemals verzagen.

Ergreift meine Hand und wenn ich stolpere, so helft mir auf. Wenn ich fühle, daß Ihr schwach werdet, will ich Euch stützen. Du, mein Bruder, leuchte uns voran mit der Lampe der Solidarität. Und Du, meine Schwester, trage den Proviant, denn der Weg ist lang. Ich fürchte, daß die Verbrecher auf beiden Seiten der Straße lauern und uns angreifen wollen. Hört Ihr sie im Busch, Brüder und Schwestern? Pst! Ja, ich höre sie – ich höre, wie sie ihre Gewehre laden. Mißachten wir ihre Drohungen und seien wir ohne Furcht!

Lassen wir sie kommen. Sie wissen es nicht, aber selbst wenn sie uns umbringen, selbst wenn sie den letzten von uns erschießen, marschiert hinter uns ein anderes Bataillon, das auf dem langen Weg pausenlos dahermarschiert in Richtung Sonnenaufgang, und hinter ihm kommt noch ein Bataillon, ein anderes, und noch eines ... Gott ist für die großen Bataillone, und die großen Bataillone sind das Volk. Laßt uns die Lampe der Solidarität festhalten und vorwärtsschreiten.

Amen.

Aufruf zur Heiligkeit

Karwoche 1985

Diese Predigt wurde am Montag der Karwoche 1985 in der Kathedrale von Port-au-Prince gehalten. Das politische Klima des Landes spitzte sich zu, da die Opposition gegen die Diktatur Duvaliers wuchs. Man sprach von einem Generalstreik, in dessen Verlauf sich die Gegner der Regierung zusammenschließen und ihre Stärke zeigen sollten.

Jesus ist die Wahrheit. Heute abend beginnen wir im Namen dieser Wahrheit, unseren Blick auf eine Reihe von aktuellen Fragen zu richten, die unsere Kirche betreffen. Wir wollen dies tun, indem wir selber auf dem Weg der Heiligkeit gehen, um den Herrn zu finden, der heilig ist und uns zur Heiligkeit berufen hat – eine ganz besondere Heiligkeit in dieser Heiligen Woche. Damit diese Woche wirklich eine «Heilige Woche» (*Semaine Sainte*) wird, müssen wir uns alle besonders anstrengen, heiliger zu werden und einen weiteren Schritt in Richtung Heiligkeit zu gehen.

In 1Joh 5,6 lesen wir: «Der Geist ist es, der Zeugnis ablegt, denn der Geist ist die Wahrheit.» Wir wollen, daß die Wahrheit überall aufscheine. Wir wollen, daß sie leuchte, während wir versuchen, in der Heiligkeit zu wachsen, so wie Gott es von uns verlangt. «Wir aber sind aus Gott. Wer Gott erkennt, hört auf uns. Daran erkennen wir den Geist der Wahrheit.» 1Joh 4,6.

Jesus ist die Wahrheit. Im Namen jener Wahrheit sagen wir die Wahrheit. Manchmal ist die Wahrheit eine bittere Pille, und oft ist sie so bitter wie das Gesetz. Aber die Wahrheit, die wir an diesem Abend teilen, wird niemanden erzürnen. Im Gegenteil, sie wird uns heiliger machen, so wie Gott es von uns verlangt hat.

Innerhalb der Kirche haben wir viele Heilige oder heilige Menschen. Einige der größten Heiligen wurden heiliggesprochen – es sind jene, die die Kirche nach ihrem Tod öffentlich als heilig anerkennt. Andere sterben, ohne daß die Kirche sie heiligspricht oder dies amtlich bestätigt.

Wenn wir bis in alle Einzelheiten nachforschen, finden wir in der Kirche Christi etwa 40 000 offizielle Heilige. Als nun das Zweite Vatikanische Konzil – dank dem Heiligen Geist – versuchte, einiges in der Kirche wieder in Ordnung zu bringen, ging das Gerücht um, daß einige Heilige von der Liste gestrichen würden. Als bestimmte Katholiken das vernahmen, fühlten sie ihren Glauben wanken; die Nachricht über die Wahrheit war schwer zu ertragen. Die Kirche gab damals zu, daß sich unter diesen 40 000 Heiligen einige befanden, deren Lebensgeschichte oder sogar Existenz kaum oder gar nicht nachweisbar war.

Auf jeden Fall hat die Kirche, im Licht des Heiligen Geistes («der Geist ist Wahrheit»), der die Dunkelheit erhellt, etwa 40 Heilige von der Liste gestrichen. Aber wenn die Kirche einige Heilige von der Liste gestrichen hat, heißt dies, daß wir nicht mehr auf dem Weg der Heiligkeit und der Wahrheit voranschreiten sollen? Nein! Die Wahrheit ist Gott, und Gott ist die Quelle der Heiligkeit.

So tut es uns wohl zu entdecken, daß wir nicht der Finsternis angehören, sondern dem Licht. Nimm dich in acht vor einer Person, die zornig wird, wenn sie Worte der Wahrheit hört! Die Wahrheit verdecken: das gleicht dem Versuch, Wasser zu begraben – es dringt überall durch; *kache laverite se antere dlo.*

Von den 180 Heiligen, die Papst Paul VI. für die ganze Kirche kanonisierte, stammten 64 aus Spanien, Frankreich und Italien. Das mag den Eindruck erwecken, daß die Waage zugunsten der großen Nationen etwas gar stark ausschlägt. Jedenfalls haben wir nichts davon gehört, daß Haitianer heiliggesprochen worden wären. Und doch gab und gibt es viele Haitianer, die wirklich heilig sind und die als solche anerkannt werden sollten, vor der ganzen Kirche.

Es gibt überall Heilige. Wir lesen, daß Gott zum Volk Israel sagt: «Ihr sollt darum heilig sein, weil ich heilig bin» (Lev 11,45). Und später noch einmal: «Ihr sollt heilig sein, denn ich, der Herr, euer Gott, bin heilig» (Lev 19,2).

Ich weiß, es macht euch alle glücklich, heute abend diese Worte zu hören. Viele von uns kommen nicht oft zum Altar der Kirche. Sie wissen, daß es nicht eine leichtzunehmende Sache ist, die Kommunion zu empfangen. Aber ich denke, wenn ihr erwägt, daß unser Vater und Herr, unser lieber Vater, uns dazu aufruft, heilig zu werden, wirklich sein Wort zu leben, dann wird uns eines klar: Wenn wir in Wahrheit voll und ganz sein Wort leben, dann dürfen auch wir uns als kleine Heilige betrachten, die würdig sind, sich dem Altar zu nähern.

Und so lange ihr nicht stolz seid auf eure Heiligkeit und sie nicht mißbraucht, um euch über andere erhaben zu fühlen, sondern eher, um auch andere zur Heiligkeit zu führen, dann werdet ihr jeden Tag heiliger werden. Es ist schön zu denken, daß der Herr heute abend zu uns kommen möchte, um uns Vorwürfe zu machen und zu tadeln, weil wir meinen, unsere Sünden seien so häßlich. Er weiß nämlich ganz genau, daß es so gut wie keine Sünden sind.

Hochleben sollen alle jene unter euch, die sich erdrückt fühlen vom Gewicht dieser Gesellschaft. Kommt zu mir heute abend, denn heute abend will ich euch aufrichten. Ich will euch helfen zu erkennen, was ihr schon geworden seid: Heilige vor Gott! Brüder und Schwestern, jeden Tag müssen wir aufwachen und uns unserer Größe bewußt sein vor Gott und vor den Menschen. Wenn wir sagen, wir sind die Kirche – nun, die Kirche ist mit Sünden behaftet. So laßt uns die Kirche reinigen, laßt uns die Kirche heiligen jeden Tag. Wir sind Menschen einer Kirche, die schon heilig ist. Machen wir sie täglich heiliger! Laßt uns alles ablegen, was im Dunkeln getan wurde. Laßt Heiligkeit wachsen durch das Gebet.

Gebt aber acht, denn es gibt Heilige und Heilige! Unter uns gibt es echte Heilige. Aber es gibt auch falsche Heilige: Die Unheiligen sind voller Sünden; sie strotzen von Wichtigkeit und sind doch unwichtig. Sie unterdrücken die Armen, sie treten sie mit Füßen. Das ist manchmal der Grund, warum es uns Armen unmöglich ist, an Heiligkeit zuzunehmen. Die falschen Heiligen, die unwichtigen, die unheiligen, versperren uns den Weg. Wenn wir diese Wahrheit nicht beim Wort nehmen, laufen wir Gefahr, auch falsche Heilige zu werden.

Die Bibel gibt uns manche Beispiele von solch falschen Heiligen. «Haben denn all die Übeltäter keine Einsicht? Sie verschlingen mein Volk. Sie essen das Brot des Herrn, doch seinen Namen rufen sie nicht an.» Merkt auch jetzt, daß das nicht meine eigenen Worte sind. Jene von euch, die Papier und Bleistift zur Hand haben, mögen bitte Kapitel und Vers aufschreiben: Psalm 14,4. Ich erfinde diese Worte nicht, Brüder und Schwestern.

Hier gibt es noch andere Dinge, die ich nicht erfunden habe. Hier in den Fabriken zahlen Übeltäter den Haitianern sieben Prozent von dem Lohn, den sie den Arbeitern in anderen Ländern bezahlen. Sagt man dem nicht «das Volk essen»? Heißt das nicht, das Blut aussaugen aus meinen Brüdern und Schwestern, die hier arbeiten, aus dem Volk, das hier in den Fabriken arbeitet für die großen Bosse?

Und jedesmal, wenn die kapitalistischen Bosse einen Dollar auszahlen, stecken sie dafür vier in die eigene Tasche. Wenn sie 400 Dollar investieren, ernten sie dafür 4000. Sie machen einen Haufen Geld, während das wenige, das sie euch bezahlen, kaum ausreicht, euer Essen zu kaufen – und sicher nicht genügt, eure Kinder zu ernähren, die Miete zu bezahlen und die Rechnungen zu begleichen. Ist es recht, daß diese Unheiligen, die hier angeblich investieren wollen, in unser Land kommen und uns das Leben verunmöglichen? «Soll der Thron der Schlechtigkeit Gemeinschaft haben mit dir, er, der Böses schmiedet durch ein Gesetz? Sie rotten sich zusammen gegen das Leben des Gerechten und verurteilen unschuldiges Blut.» Psalm 94,20-21.

Nun aber eine kleine Anekdote.

Einst fand ein großes Autorennen statt. Ihr wißt, hier in Haiti reden alle von den vielen Fahrern, die gerne schnell fahren, schnell, schnell, ohne zu schauen, wohin sie fahren, ohne darauf zu achten, was sich hinter ihnen oder vor ihnen befindet.

Dieses Rennen also fand in Frankreich statt, und man lud auch ein haitianisches Team ein zur Teilnahme, zusammen mit Vertretern aus allen Ländern der Welt. Leider waren die Vertreter Haitis ein unheiliges Team.

Als es Zeit war für das Rennen, fuhr der Haitianer Rennfahrer schnell, schnell, schnell, aber ohne vorwärts oder rückwärts zu blicken. So stellte sich heraus, daß er in die falsche Richtung fuhr und das Rennen verlor, obwohl er sehr schnell gefahren war.

Da sagten die Leute: Warum laßt ihr die Haitianer nicht an einem Rückwärts – Rennen teilnehmen, im Rückwärtsgang? Dann werden wir sehen, ob sie nicht siegen können!

Bei diesem Rückwärts-Rennen befinden sich die Fahrer in einer sehr schwierigen Startposition. Es ist fast unmöglich, so zu fahren. Darum verloren die Amerikaner. Die Franzosen kamen auf null Punkte. Der Spanier, der Chinese – sie alle versuchten es und kamen nirgends hin.

Man dachte, wenn es allen andern mißlungen ist, dann kommt sicher kein Haitianer ans Ziel. Als einer vom Team der unheiligen Haitianer vortrat, fragte man ihn: «Ihr Alter, bitte?»

Der Haitianer sagte: «Ich bin 28.»[1]

Man antwortete: «Mensch, du bist jung. Immerhin – geh, fahr rückwärts!» Der Haitianer schaute nicht einmal hinter sich. Mit einem rassigen Aufbrausen stob er davon, schneller als man sehen konnte. Und natürlich wurde er Sieger.

Die Schiedsrichter waren perplex. Sie sagten zu ihm: «Du bist nur 28 Jahre alt und bringst das Auto so schnell rückwärts unter so schwierigen Umständen!»

Da entgegnete der Haitianer: «Begreift doch – 28 Jahre lang habe ich ein so großes Land wie Haiti rückwärts geführt, und da glaubt ihr, ich werde mit einem kleinen Auto nicht fertig?»

Es ist die Frage der Rückständigkeit, die uns hier in Haiti interessiert. «Denn ihr ertragt es, wenn euch jemand versklavt, ausbeutet und in seine Gewalt bringt, wenn jemand anmaßend auftritt und euch ins Gesicht schlägt.» 2 Kor 11,20.

Bei Lev 25,10 lesen wir: «Erklärt dieses Jahr für heilig und ruft Freiheit für alle Bewohner des Landes aus. Es gelte euch als Jubeljahr[2]. Jeder von euch soll zu seinem Grundbesitz zurückkehren.»

Das besagt, daß der Herr anerkennt, daß die Erde für alle Kinder Gottes da ist. Doch wann haben wir Haitianer je unser eigenes Land besessen? Wann? Als wir Sklaven waren? Nein! Heute? Nein, sogar heute haben wir kaum eigenes Land! Und mitten in dieser Besitzlosigkeit erwartet man von uns, daß wir wachsen an Heiligkeit! Das ist eine schwierige Aufgabe, mit nichts zu leben und doch zu wachsen . . .

---

1 Jean-Claude Duvalier war im Jahre 1985 achtundzwanzig Jahre alt.

2 Jubeljahr: P. Aristide bezog sich hier wohl auch auf den kürzlichen fünfzigsten Jahrestag der Beendigung der Besetzung von Haiti durch die USA.

Das muß sich ändern.[3] In Lev 25,23 sagt der Herr: «Das Land soll nicht für immer verkauft werden, denn das Land gehört mir.»[4] Alles Land gehört Gott, und wir sind alle Kinder Gottes. Und so hieß Gott alle seine Kinder, die Sklaven, das Land nach je sieben Jahren nicht zu bebauen. Er hieß sie, zu einem großen Streik aufzurufen und nicht zu arbeiten. Und so veranstalteten die Sklaven jedes siebte Jahr einen großen Streik, einen Generalstreik, weil sie Sklavenarbeit leisteten für die Herren. Sie schufteten wie Esel, so wie ein Sprichwort sagt: «Viele schuften wie ein Esel, um die Palasthengste zu dekorieren.»

Alle sieben Jahre also hieß Gott seine Kinder, die Sklaven, die Arbeit niederzulegen, zu streiken; und sie nannten jenes Jahr den *Sabatik*, denn auf Hebräisch heißt die Zahl sieben *sheba.*

So streikten die Sklaven jedes siebte Jahr, um wieder Atem zu holen. Dann beschlossen sie, daß jedes siebte Jahr nicht genüge, und fügten jedes fünfzigste dazu. Und alle fünfzig Jahre war Streik, und alle, die Land besaßen, mußten ihr Land mit den Sklaven teilen. Sie verpflichteten die Landbesitzer, das Land zu verteilen. Dieses Jahr hieß Jubeljahr, das Gnadenjahr. Auf gleiche Weise müssen wir Sklaven eines Tages am Landbesitz teilhaben – wir spüren das schon zutiefst im Innern. Denn das Land ist nicht da für eine Handvoll von Vielfraßen, sondern für uns alle.

---

3 Anläßlich seines Besuches in Haiti im Jahre 1983 formulierte Papst Johannes Paul II., als er über die Ungleichheit zwischen den Reichen und Armen sprach: «Die Dinge müssen sich ändern!» (*«Il faut que ça change!»*)

4 Seit der haitianischen Unabhängigkeit im Jahre 1804 bis zum Anfang der Besetzung durch die USA im Jahre 1915 hatte jede haitianische Verfassung erklärt, daß kein Ausländer in Haiti Land besitzen dürfe. Während der Besetzung schrieb Franklin D. Roosevelt, damals Untersekretär der US-Navy, die haitianische Verfassung neu, um Landeigentum durch Ausländer zu ermöglichen. Weil es in der Anfangsphase der haitianischen Geschichte vor allem um die Landeigentümerschaft ging (Sklaven nahmen von ihren Herren Land in Besitz), war diese Eigentümerschaft in Haiti eine unbeständige Sache, und die Landreform hatte beim progressiven Klerus sowie bei der fortschrittlichen Opposition in den letzten 15 Jahren stets oberste Priorität. Aristide verflocht in diesem Abschnitt zwei Themen ineinander: die Wichtigkeit eines Generalstreiks und die Notwendigkeit, das Land zurückzuholen, das immer noch großteils – oft auf illegale Art – von landesabwesenden Gutsherren und Freunden früherer Präsidenten in Beschlag gehalten wird.

So spricht Jesaja im 61. Kapitel: «Der Geist des Herrn ruht auf mir, denn der Herr hat mich gesalbt. Er hat mich gesandt, damit ich den Armen die Frohe Botschaft bringe und alle heile, deren Herz zerbrochen ist, damit ich den Gefangenen die Entlassung verkünde und den Gefesselten die Befreiung, damit ich ein Gnadenjahr des Herrn ausrufe, einen Tag der Vergeltung unseres Gottes.» Wenn Jesaja vom Gnadenjahr des Herrn spricht, bezieht sich dies auf das Jubeljahr, das Jahr der Freiheit und der Neuverteilung des Landes. Und in Lk 4,18 liest Jesus diese gleiche Stelle aus Jesaja; so werden seine Worte zu Worten Jesu.

Das Gnadenjahr. Im Gnadenjahr schließen wir unsere Augen nicht. Im Gnadenjahr verschränken wir unsere Arme nicht und warten. Das Gnadenjahr ist nicht eine Zeit des Nichtstuns. Es ist nicht eine Zeit, in der ihr bloß zu sagen braucht: «Ich weigere mich, einer Behörde zu gehorchen.»

Das Gnadenjahr verlangt eine Neuverteilung des Landes. So sagt es die Bibel. Jemand, der nicht dahin arbeitet, daß die Kinder Gottes einen Flecken Land haben zum Anpflanzen und zum Bau eines Hauses – wer nicht daraufhin arbeitet und andere an dieser Arbeit sogar hindert, ein solcher Mensch lebt nicht im Stand der Gnade, sondern im Stand der Sünde.

Heute kann man sagen, daß ein Christ, der heiliger werden möchte, die Verteilung des Bodens fordern muß. Er hat zu fordern, daß die Großgrundbesitzer den Armen Land geben, damit auch die Armen Land bebauen und fruchtbar machen können. Der Herr verlangt, der Staat darf nicht länger darauf bestehen, daß die Armen Papiere unterschreiben müssen, ohne zu wissen, auf welchen Vertrag sie da eintreten.

Gegenwärtig gleicht der Landbesitz einer Lotterie: Du setzest deinen Namen auf ein Stück Papier, und du hast keine Ahnung, was du dir damit einbrockst; du hast keine Kontrolle über die Folgen. Alles, was du weißt, ist, daß sie dir sagen: Du erhältst ein Stück Land, während das Stück Papier sagt, du habest Land weggegeben! Und wenn du mit der Unterschrift zögerst, dann schlagen sie dich. Im Buch der Sprüche gibt es einen sehr harten, aber wahren Spruch – es ist ja Gottes Wort. Der Spruch lautet: «Wie ein grollender Löwe oder ein gieriger Bär, so herrscht ein frevelhafter Machthaber über einem schwachen Volk.» Das sind nicht meine Worte. Wenn diese Worte euch erzürnen; sie stehen doch so in der Bibel. Reißt eine Seite heraus, aber versucht nicht, mich zu verprügeln, denn es sind ja nicht meine Worte.

Um heiliger zu werden, um den Willen Gottes zu tun, hat Abraham eingewilligt, seinen einzigen Sohn zu opfern.

Auch ihr, wie immer eure Lebenslage sein mag, eure Arbeit, euer Ansehen: euer einzig ehrlicher Weg zur Heiligkeit ist der Wille, alles zu opfern, was der Herr verlangt. Bei diesem Opfer kann es sein, daß ihr viele Schläge erleidet. Aber der heilige Paulus erhielt auch viele Schläge, weil er die Wahrheit verkündete und den Menschen half, heilig zu werden. Auch ich erwarte, geschlagen zu werden, und ihr müßt das ebenso in Kauf nehmen, obwohl wir das nicht erhoffen. Wir müssen jedoch darauf gefaßt sein.

Der heilige Paulus sagt: «Dreimal wurde ich ausgepeitscht, einmal gesteinigt, dreimal erlitt ich Schiffbruch, eine Nacht und einen Tag trieb ich auf hoher See. Ich war oft auf Reisen, gefährdet durch Flüsse, gefährdet durch Räuber, gefährdet durch das eigene Volk, gefährdet durch die Heiden, gefährdet in der Stadt und in der Wüste, gefährdet auf dem Meer, gefährdet durch falsche Brüder. Ich erduldete Mühsal und Plage, durchwachte viele Nächte, ertrug Hunger und Durst, häufiges Fasten, Kälte und Blöße. Um von allem anderen zu schweigen, weise ich noch auf den täglichen Andrang zu mir und die Sorge für die Gemeinden hin.» 2Kor 11,25-28.

So müssen wir bereit sein zu leiden, um unsere Kirche heilig zu machen und der Aufforderung des Herrn zu folgen. Um den Willen Gottes zu tun, müßt ihr lernen, den Herrn zu wählen, sonst wählt ihr den Teufel. Um heilig zu werden, müßt ihr diese Wahl treffen. Ihr könnt nicht heilig sein und mit dem Teufel Kompromisse eingehen. Ihr müßt so denken, wie der Mann im Psalm 1: «Wohl dem Mann, der nicht dem Rat der Frevler folgt und nicht auf dem Weg der Sünder wandelt.»

Als ich über diesen Psalm nachdachte, betete ich, und ich will euch sagen, wie ich diesen Psalm zu Papier brachte: Alleluja für alle Männer und Frauen in Haiti, die nicht mit einer bösartigen Regierung zusammenarbeiten. Alleluja für die Haitianer, die nicht mitmachen bei den gefräßigen Plünderungen der blutdürstigen Horde, wo der Bruder den Bruder verkauft, wo der Bruder nicht Hüter seines Bruders ist. Alleluja, denn der Pfad jener Haitianer, die eine solche Regierung verwerfen, ist der Pfad der Rechtschaffenheit und der Liebe. Das ist es, was Gott will. Wo geschlagen, zerbrochen oder zerstört wird, dort leben keine rechtschaffenen Menschen. Der Weg des Herrn ist der Weg der Gerechtigkeit, und Gerechtigkeit blüht an den Ufern der Befreiung.

Amen.

Im Lichte Christi wandeln

Jugendgottesdienst vom 23. August 1988

Der Jugendgottesdienst, dem diese Ausschnitte entnommen sind, wurde am 23. August 1988 gehalten, ein Jahr nachdem P. Aristide und drei andere fortschrittliche Priester – zusammen mit einer Anzahl Laien – auf der Nationalstraße bei Freycineau in einen Hinterhalt geraten waren. Sie wurden mit Steinen beworfen, geschlagen und mit Buschmessern und Gewehren bedroht. Alle vier entkamen mit relativ geringen Wunden. Doch der Vorfall führte zu einem Wendepunkt innerhalb der Kirche. Damals fühlten manche fortschrittlichen Kleriker und Laien, daß die kirchliche Hierarchie, die in eine für sie nicht leichte Solidarität mit der *Ti Legliz* gedrängt worden war (dem progressiven Flügel der Kirche), es sträflich unterließ, für die vier Priester öffentlich Stellung zu nehmen. Und dies in einer Zeit, in der es nötig gewesen wäre! So nahm der Streit zwischen der Hierarchie und der Basis an Bitterkeit zu.
P. Aristide hatte schon in mehreren Messen dieses Ereignisses gedacht und ebenso des Hungerstreiks der *Ti Legliz* bei der Kathedrale noch vor jenem Überfall.

Zwei Wochen nach dieser Messe kam es bei einem ähnlichen Jugendgottesdienst wieder zu einem Angriff mit Steinen. Vermutlich waren es Leute, die von der Armee und dem Bürgermeister von Port-au-Prince bezahlt waren. Nochmals eine Woche später wurde P. Aristides Kirche während einer Sonntagsmesse angegriffen. Mindestens 13 Gottesdienstbesucher wurden getötet und die Kirche niedergebrannt. Die Regierung, die zur Zeit dieses Massakers im Amt war, wurde eine Woche später gestürzt.

Schwestern und Brüder, guten Abend!

Seit gestern sind wir im Lichte Christi gewandelt in der Kirche der Armen, in der Kirche des Volkes. Heute morgen setzen wir diese Wanderung fort im selben Licht und in derselben Kirche. Bevor wir mit der Messe beginnen, beschlossen wir, das zu feiern, was wir in den letzten zwei Tagen erfahren haben. Dann können wir diese Erfahrung weiterführen in einer neu gestärkten Kirche.

Unsere Feier wird schöner werden, wenn wir ernsthaft willens sind, dem Lichte Christi auch weiterhin bei uns Einlaß zu gewähren. So können wir unsere Fehler sehen und auch unsere eigenen Grenzen und die Lücken, die wir dem Feinde offen ließen. Wenn wir diese Lücken sehen, wollen wir sie schließen und die Fehler vermeiden, um so eine solidere Kirche zu bauen, eine Kirche, wie sie Jesus gefällt. Wir wollen uns verneigen vor Gott und ihn bitten, sich unser zu erbarmen, auf unsere Stimmen zu hören und uns alle unsere Sünden zu verzeihen. Diese hindern uns nämlich daran, uns und unseren Leib im rechten Licht zu sehen, und so auch den Leib der Kirche richtig einzuschätzen, der eine gründliche Reinigung benötigt.

Wir verdienen die Gnade Gottes gar nicht, wenn wir uns weigern, die Worte zu überdenken, die wir hier in der Kirche singen. Wir singen: «Herr, erbarme Dich unser!» Wir singen: «Ehre sei Gott in der Höhe! Wir preisen Dich, wir feiern Dich, wir tanzen für Dich!»

Der Herr hat Erbarmen mit jenen, die nicht verstehen. Aber wenn das Volk zu verstehen beginnt, wenn das Licht des Verstehens zum Lichte Gottes wird – nun, er gibt uns sein Licht ja nicht dazu, damit wir uns dumm verhalten und auch nicht dazu, unser Lied dumm und verständnislos zu singen. Wir singen nicht Lieder, die keinen Sinn haben.

Wir sagen: «In Grand-Goave, in Hinche, in Papaye macht man uns Schwierigkeiten. Wann, Vater, werden wir im Frieden leben können?»

Und unser Vater antwortet: «Ihr werdet in Frieden leben, wenn ihr euren Glauben und eure Hingabe in eine Volkskirche legt, welche die Macht des Volkes in einer Revolution des Volkes aufflammen läßt, so daß dieses Land endlich frei atmen kann.»

Gott gibt dieselbe Antwort, wenn wir ihm sagen: In Dichiti töten sie uns, in Labadie töten sie uns.[1] «Wann, Herr, können wir denn im Frieden leben?» fragen wir.

---

1 In Grand Goave (vgl. vorausgehende Abschnitte) wurden in jenem Sommer verschiedene Volksgruppen von konservativen Streitkräften angegriffen. In Hinche und Papaye wurden Organisatoren der Bauernbewegung von den Behörden andauernd belästigt. Mitglieder der Jugendbewegungen von Dichiti und Labadie wurden ebenfalls von der Armee und der Polizei verfolgt; vier Personen wurden in jenem Sommer getötet.

Und der Herr antwortet: «Stellt mir keine solchen Fragen mehr. Fragt euch selber: Wann werden wir unseren Glauben und unseren Einsatz zusammenbringen, um eine Volkskirche aufzubauen mit der Kraft des Volkes, die überkocht und zur Revolution wird? Der Ball liegt vor eurem Fuß, kickt ihn durchs ganze Volk hindurch, aber stellt dem Herrn nicht so viele Fragen!»

So spricht der Herr zu uns. Er ist der Herr des Lichtes. Und wenn wir sein Licht annehmen, werden wir mit Recht sagen: Alleluja dem Herrn im Himmel. Wir werden ihn mit Recht loben, wir werden ihn mit Recht feiern, wir werden mit Recht für ihn tanzen.

Lasset uns beten!

Herr, unser Vater. Heute ist der 23. August, und wir alle wissen, was das bedeutet. Das Licht der Befreiung in Deiner Kirche hat uns geholfen, die Bedeutung dieses Datums zu verstehen. Es hat uns getrieben, innerhalb Deiner Kirche ein Lager des Volkes zu errichten, so daß wir daraus eine Kirche des Volkes, eine Kirche der Armen machen können. Und dasselbe Licht dringt auch weiter in uns und erhellt für uns die beiden Jahre, die seit dem 7. Februar 1986[2] vergangen sind. Es zeigt uns die Machenschaften, die innerhalb der Kirche von der Hierarchie ausgekocht wurden. Wenn wir von allen Vorgängen eine Bestandsaufnahme machen, so sehen wir, daß innerhalb der Kirche jene von uns, die unter dem Tisch sind[3], nicht stillsitzen und warten können, bis die Hierarchie uns irgendeine Lösung anbietet in der jetzigen, so aussichtslosen Situation.

Damit sich die Dinge ändern, damit sich eine Lösung zeigt, müssen wir uns organisieren. Damit die gefundene Lösung zur Realität

2 Jean-Claude Duvalier wurde an diesem Datum gestürzt und floh aus Haiti.

3 Dies ist eine beliebte bildliche Redeweise von P. Aristide. Im Jahre 1986 verfaßte er ein Gedicht über den Sturz Duvaliers und dessen Nachspiel mit dem Titel *Leve Tab* (Kippt den Tisch!). In der Welt dieses Gedichtes leben alle Armen und Ausgebeuteten unter einem großen Tisch, der mit Speisen überhäuft ist und an dem die Elite und die Privilegierten tafeln. Das Bild von dem mit Eßwaren überladenen Tisch wird in Haiti, dem ärmsten Land dieser Hemisphäre, wohl verstanden: Das Umkippen des Tisches der Privilegierten durch die Leute, die sich unter dem Tisch zusammenkauern, ist für Aristide eine Metapher für das Umstoßen des gegenwärtigen Systems in Haiti.

wird, müssen wir uns unter dem Tisch organisieren und am Tisch so lange rütteln, bis er umfällt. So werden wir eines Tages an einem neuen Tisch zusammensitzen können als Brüder und Schwestern, die denselben Vater haben, der unser Herr ist, als Brüder und Schwestern, die denselben Bruder haben, der Jesus ist. Und dieser Bruder ist heute mit uns unter dem Tisch. Er ist dort mit uns, damit wir von dieser Situation unter dem Tisch wegkommen und eines Tages an einem neuen Tisch sitzen und davon essen können für immer und ewig. Amen.

Joh 9,39-41: Dies ist eine wichtige Stelle in der Bibel, über die wir in diesem entscheidenden Moment Austausch halten wollen. Ich bitte euch: Strengt euch an zu verstehen, was ihr jetzt hören werdet. «Zum Gericht bin ich in diese Welt gekommen, damit die Blinden sehend und die Sehenden blind werden!» Meine Freunde, laßt uns ein wenig darüber diskutieren. Vielleicht werden wir, wenn wir so miteinander reden, den Sinn dieser Worte zu verstehen beginnen. Überlegen wir einen Augenblick. Jeder möge mit seinem Nachbarn oder mit seiner Nachbarin sprechen. Teilt einander eure Gedanken mit und sagt, was ihr verstanden habt. Öffnet einander euer Herz ohne Stolz und laßt euch vom Heiligen Geist erleuchten. Kein Minderwertigkeitskomplex soll euch glauben machen, ihr wäret unfähig, etwas zu verstehen. Vertraut euch den Händen Gottes an, und er wird euch durch den Heiligen Geist erleuchten.

Jesus sagt, er sei zum Gericht in diese Welt gekommen. Zwischen wem wird Gericht gehalten werden? Gegen wen? Zwischen denen, die sehen und denen, die nicht sehen, aber vorgeben zu sehen. Und wenn wir bis zu Vers 41 weitergehen, dann merken wir, welche Gruppe von Leuten meint, sehend zu sein, nämlich die Pharisäer.

Nun, zur Zeit, als Jesus lebte, standen die Pharisäer an der Spitze der Kirche und nahmen für sich in Anspruch, das Licht Gottes in sich zu tragen. Jesus kritisierte sie und sagte ihnen: «Ihr denkt, ihr seht, aber bald werdet ihr wie blind sein!»

Wenn Jesus heute nach Haiti käme, am 23. August, was fände er? Wenn er die katholische oder die protestantische Kirche anschaute, wenn er die Gesellschaft durchleuchtete, würde er wiederholen, was er in Joh 9,39-41 sagte? Was würde Jesus veranlassen, über unsere Gesellschaft dasselbe zu sagen wie damals über die Pharisäer?

Wenn Jesus sähe, was die Hierarchie der Kirche gegen die *Misyon*

Alfa[4] unternimmt, würde er dasselbe sagen. Jene Leute, die zu sehen meinen: sie sehen offenbar so gut, daß sie das ganze Bildungsprogramm der Kirche zerstören. Sie sagen, die Schöpfer des Programmes seien dumm und blind, aber gerade diese bringen das Licht, gerade diese können klar sehen.

Gibt es noch andere Beispiele dafür, was Jesus heute in Haiti erwähnen würde?

Volk: Ja, das Massaker in Jean-Rabel![5]

Ein Teilnehmer: Es war ein Bischof, der den Startschuß zum Massaker gab!

Aristide: Welcher Bischof?

Volk: Colimon, Colimon, Colimon![6]

Aristide: Entschuldigung, ich dachte, die Kirche sei ein Ort, wo Leute sind, die Tag und Nacht beten wie Bischof Colimon. Wie könnte ein solcher Mensch so etwas tun?

Volk diskutiert heftig.

Aristide: Nun gut, ich respektiere, was ihr sagt. Machen wir weiter! Gibt es noch andere Fälle, wo ihr denkt, daß Jesus wiederholen würde, was er in Joh 9,39-41 sagt?

Volk: Der Überfall bei Freycineau!

---

4 Im Sommer 1988 entschlossen sich die Bischöfe, das Alphabetisierungsprogramm der Kirche, *Misyon Alfa*, abzubrechen, um es «neu zu strukturieren». In den zwei Jahren seines Bestehens nach dem Sturz von Jean-Claude Duvalier war das Projekt der «Misyon Alfa» ungeheuer gewachsen. Es erhielt Hunderttausende von Dollars von nordamerikanischen und europäischen Gönnern. Die *Misyon Alfa* war äußerst beliebt bei den Bewohnern der Armenviertel in den Städten wie bei den Bauern. Sie wurde durch die kirchlichen Basisgemeinschaften (*Ti Legliz*) eingeführt. Aber seit 1987 stand das Programm unter dem ständigen Beschuß des Regimes. Größtes Aufsehen hatte in den Jahren nach Duvalier das Verschwinden von Charlot Jacquelin erregt, einem Animator des Projektes. Als die Bischöfe das Programm abbrachen, wurde dies darum als Schlag gegen die *Ti Legliz* im besonderen und gegen die haitianischen Volksbewegungen im allgemeinen gedeutet. Das neu strukturierte Programm gewann das Vertrauen der ausländischen Gönner nicht mehr, und 1990 hörte das Programm praktisch auf zu existieren.

5 Im Juli 1987 wurden in der nördlichen Provinzstadt Jean-Rabel und deren Umgebung mehr als 200 Bauern, die an Aktionen für die Landreform beteiligt waren, durch bewaffnete Kräfte massakriert; diese waren mit der Regierung und den dortigen Großgrundbesitzern liiert.

6 Mgr. Colimon ist der Bischof der nordwestlichen Provinz, in der Jean-Rabel liegt.

Aristide: Aber bei Freycineau war es doch der päpstliche Nuntius, der uns holte, damit wir sicher nach Hause kämen?
Volk: laute Protestrufe
Aristide: Nun gut! Ich dachte, die Bischöfe hätten sich gegen die Ereignisse in Freycineau ausgesprochen. Aber so, wie ihr hier redet, fange ich an, mir einige Fragen zu stellen. Helft mir, die Antworten darauf zu finden. So wie ihr redet, ist es, als ob – ich weiß nicht –, als ob ihr sagen wolltet: Wenn bei Freycineau alle vier Priester und alle Laien umgekommen wären, hätte das den Bischöfen gepaßt – meint ihr das?
Volk: Ja, ja, ja!
Aristide: Wartet, wartet! Der Herr liebt keine Verleumdung. Der Herr will nicht, daß wir unwahre Geschichten verbreiten. Wir wollen sehen, ob das, was ihr sagt, begründet ist oder ob es sich nur um allgemeine Gemütserregungen oder Gefühle handelt. Warum meint ihr, die Bischöfe wären froh gewesen, wenn wir bei jenem Überfall umgekommen wären? Haben wir ihnen irgendein Unrecht getan?
Volk: große Diskussion
Aristide: Die Gruppe von Leuten, von denen ihr sprecht, die Bischöfe – gibt es keine Ausnahmen unter ihnen?
Volk: Doch, Bischof Romélus, Bischof Poulard . . .
Aristide: Wer sonst noch?
Volk: Bischof Lafontant[7].
Aristide: Sonst keine mehr?
Volk: Nein.
Aristide: Gut. so wollen wir es halten wie Jesus. Wir wollen unterscheiden bei den Pharisäern, und wir wollen das Licht des Heiligen Geistes auf uns scheinen lassen, wie es auf Jesus schien, so daß wir nicht falsch urteilen. Wir machen uns nicht vor, wir seien wie Jesus ohne Fehler und Sünden. Wir wollen nicht, daß böse Zungen gegen uns reden. Wir anerkennen, daß Jesus der Herr ist, und weil er der Herr ist, kann er zu uns kommen und uns dazu bringen, das Richtige zu sagen. Wir wollen uns genau ausdrücken, damit böse Zungen nicht gegen uns reden und behaupten, wir hielten über die Bischöfe Gericht. Wir wollen nur Tatsachen feststellen. Jesus sagt:

7 Diese drei Bischöfe waren damals als fortschrittlicher eingestuft worden als ihre Kollegen in der neunköpfigen Bischofskonferenz von Haiti.

«Zum Gericht bin ich in diese Welt gekommen.» Und auch wir wollen urteilen, aber wir wollen nicht die Bischöfe richten. Zum Beispiel haben wir gesehen, daß wir nicht alle Bischöfe in den gleichen Korb werfen können. Nun – können wir das jedoch mit allen Priestern tun? Mit allen Schwestern?
Volk: Nein!
Aristide: Haben wir etwa einen Teufel in unseren Herzen, daß wir Priester gegen Priester ausspielen wollen? Oder machen wir solche Unterscheidungen, weil wir keine Lügen akzeptieren? Wir wollen keine Lügen, wir wollen die Wahrheit. Fassen wir also zusammen: Es gibt Bischöfe, Priester und Schwestern, die am Tisch essen, und es gibt Bischöfe, Priester und Schwestern, die mit uns unter dem Tisch kauern. Jene, die am Tisch sitzen, aus welcher sozialen Schicht stammen sie? Es zeigt sich, daß die Mehrheit von ihnen aus der Schicht der sogenannten Bourgeoisie[8] kommt und aus der Armee. Wohl ist die Mehrheit der Soldaten unter dem Tisch geboren, aber das System macht aus ihnen Kriecher, Windfahnen und Jasager, die mit ihren Herren am Tische sitzen.

Heute wollen wir Jünger Jesu sein. Jesus sagt: «Zum Gericht bin ich in diese Welt gekommen.» Dann steht er da im Angesicht der Pharisäer und sagt: Diese Klasse von Leuten sitzt am Tisch – und wenn er hier wäre, würde er wohl diesen Ausdruck brauchen: «sie sitzen am Tisch» –, und sie glauben, sie können sehen. Weil sie glauben, sie seien diejenigen mit der richtigen Sicht, so denken sie, sie können uns jederzeit nach Belieben befehlen. Sie denken, sie können uns an die Urnen schicken, wann es ihnen paßt. Sie meinen, sie können uns nach Belieben über die Verfassung abstimmen lassen. Sie denken, sie können uns befehlen, keine Revolution zu machen.

Sie denken, sie können uns zu einem Gespräch schicken mit einem General, der den Staats-Zug in einen Tunnel fährt, wo nur Leichen und Blut sind. Und wenn wir Nein sagen, so meinen sie, tun wir das nur, weil wir heillos dumm sind und nichts verstehen, weil wir ungebildet sind und nicht sehen können.

Nun behaupten wir freilich nicht, wir allein könnten die Wahr-

---

8 «Bourgeoisie» ist in Haiti gleichbedeutend mit der *haute bourgeoisie* oder Elite in Westeuropa.

heit sehen. Es ist ganz einfach so: Wir folgen Jesus, der die Wahrheit ist. Und wenn sie uns belügen, dann sagen wir es ihnen: Lügen!

Heute, auf den Tag genau ein Jahr nach dem Angriff bei Freycineau, sagen wir die Wahrheit. Wir werden kämpfen, um die Wahrheit zu verteidigen. Gott, der dafür Zeuge ist, wird immer mit dem Volk unter dem Tische sitzen. Er verkündet, daß die Kirche, die auf dem Weg der Wahrheit schreitet, fortan nicht mehr unter der Kontrolle jener Kirche bleiben kann, die am Tische sitzt. Die Kirche, die in der Wahrheit wandelt, kann nicht mit gesenktem Kopf vor der anderen Kirche sitzen. Die Kirche unter dem Tisch ist nicht eine getrennte Kirche, eine parallele Macht zu derjenigen der Bischöfe. Nein, es ist vielmehr unsere Kirche, Jesu Kirche, Gottes Kirche. Und Gott verlangt eine Umkehr von jenen, die am privilegierten Tisch sitzen, so daß das Licht Gottes auch auf sie scheint, damit wir alle eines Tages gemeinsam am Tisch sitzen können.

Laßt die Wahrheit des Herrn ein Reinigungsmittel sein, das die alten Gepflogenheiten der Bourgeoisie säubert, auch die Armee, die den Amerikanern nachrennt und tut, was diese wollen. Wir sind es müde, auf das Gesäusel der «Bourgeoisie-Führer» zu hören, die in unsere Ohren raunen: Kommt, macht mit! Sie versuchen so, uns zu ihren Komplizen zu machen. Diese alte, verdorbene Gesellschaft schwimmt in der Korruption. Sie hat 200 Jahre gedauert und sollte nicht mehr länger dauern. Es reicht.

Die Bischöfe werden sagen: Oh, ihr seid zu hart mit uns. Sie werden sagen, wir seien anmaßend. Wir werden antworten: Es ist Gott, der verlangt, daß die Kirche teilweise von der Mehrheit kontrolliert wird. Die Armen haben Opfer gebracht für diese Kirche, die Kirche von Haiti, und so ist es normal für sie, laut darüber zu reden, zu schreien.

Die Geschichte lehrt ja, daß schöne Worte keinen Umschwung bewirken. Auch innerhalb der Kirche bringen süße, hübsche Worte nicht die nötigen Veränderungen, die der Herr wünscht.

Die Kirche in Haiti hat Glück, weil ihre jungen Menschen dastehen mit der Wahrheit in ihren Händen. Diese jungen Leute sind nicht mehr willens, eine Lüge zu leben. Die Kirche in Haiti hat Glück, weil diese jungen Menschen sagen, sie wollten nicht mehr länger in einer Bourgeoisie-Kirche mitmachen. Nein, sie wollen in der Kirche der Armen leben. Puebla, die Versammlung der lateinamerikanischen Bischöfe von 1979, hat gesagt: Der Herr hat uns erwählt, uns für die «Option für die Armen» zu entscheiden. Der Herr hat uns erwählt, unser Schicksal mit demjenigen der Armen zu verbinden. Ihr, die Jugend, seid diejenigen, die es der Kirche in Haiti ermöglichen, diesen Namen zu tragen: die Kirche der Armen, die volksnahe Kirche, die Volkskirche. Das Zweite Vatikanum formuliert: Die Kirche ist das Volk Gottes.

Wir brauchen uns vor dem Wort «Volkskirche»[9] (*Eglise populaire*) nicht zu scheuen. Die Kirche ist die volksnahe Kirche, die Volkskirche. Wir dürfen uns nicht gleichschalten mit dem verdorbenen Leben der Gesellschaft. Hat denn der Herr etwa Mose gesandt, den Pharao zu loben? Der Herr erkannte, daß Mose mächtig war aufgrund seiner Verbundenheit mit dem Volk und dessen Macht. Der Herr weiß, daß die Macht seiner Diener zusammenhängt mit der Macht des Volkes. Jene, die die Bedürfnisse des Volkes in ihren Händen halten, sind eins mit dem Volk. Die Feinde konnten Jesus nicht vernichten, weil er eins war mit dem Volk. Es stand hinter ihm. Wo das Volk ist, da ist Gott. Gott redet durch die Stimme des Volkes.

Der Herr sagte zu Mose: Du bist die Stimme des Volkes. Bekämpfe den Pharao und zerbrich die Ketten der Knechtschaft.

Heute sagt der Herr zu mir: Das haitianische Volk, die Kirche der Armen, die volksnahe Kirche – sie alle haben sich erhoben: Kämpft weiter!

Selbst wenn sie zwei, drei, vier von uns töten: Kämpft weiter. Sie werden möglicherweise viele töten. Steht fest und haltet aus im Kampf!

Wir sind ein Volk, das fest dasteht, und wir harren aus im Kampf unter der Führung eines anderen Mose, mit vielen Mose, die vorangehen, um die Ketten zu zerbrechen, um die Pharaonen zu brandmarken und um Pläne der Befreiung[10] zu schmieden, die nach einer

---

9 Im Jahr zuvor hatte es eine Auseinandersetzung gegeben zwischen der *Ti Legliz* und der Hierarchie über den Gebrauch des Begriffs *l'Eglise populaire* durch progressive Priester und Ordensleute.

10 Auf kreolisch nennt man dies *vèvè delivrans*. *Vèvè* sind Zeichnungen, welche die Wodu-Priester machen, um in einer Zeremonie die Götter anzulocken und anzukündigen.

Revolution rufen, welche Haiti ein für allemal verändern wird. Amen.

Die Kirche der Armen steht unter dem Schutz der Flagge der Befreiungstheologie. Sie kann in Haiti nicht losgelöst werden vom nationalen Mut, gute Aktionen zu lancieren bzw. sich so zu organisieren, daß gute Aktionen möglich werden. Singen wir darum die Nationalhymne!

Aber laßt uns nicht bloß singen um des Singens willen. Wir wollen nicht singen, um zu zeigen, daß wir ein bißchen Kultur haben. Laßt uns nicht großtun. Laßt uns singen mit der nötigen Überzeugung, die wir brauchen und schon gezeigt haben.

Wir sind arm, das ist wahr, aber wir haben unseren Stolz. Wir sind arm, das ist wahr, aber wir sind mutig. Wir sind arm, das ist wahr, aber wir sind trotzdem Menschen. Wir wissen, daß der Herr uns nach seinem Bilde erschaffen hat, und wir, die Armen, die mißbraucht werden, denen man mißtraut, wir sind stolz darauf, daß wir nach Gottes Ebenbild geschaffen sind. Dieser Stolz gibt uns die Kraft, wie die Heerscharen Gottes zu kämpfen, bis das Licht der Befreiung aufscheint.

So laßt uns dazu beitragen, daß das Licht der Befreiung erscheint. Wenn ihr Haitianer seid, wenn haitianisches Blut in euren Adern fließt, wenn du ein wirklicher Haitianer bist, dann steh unter der Fahne der Überzeugung und singe die Nationalhymne. Verbinde deinen Glauben mit deinem Einsatz – nicht wie die gedankenlosen Kinder, sondern wie die stolzen Christen, die ihr seid.

(Die Gläubigen singen die Nationalhymne.)

Lasset uns beten für den Papst. Einige behaupten, wir hätten uns getrennt von Papst Johannes Paul II. Wir sagen: Nein! Aber der Papst muß das Wort der Wahrheit respektieren, an dem wir in Haiti auch teilhaben, ebenso wie wir ihn und seine Worte respektieren müssen. Wir haben Anteil an den Worten der Wahrheit; und vielleicht werden jene Worte ein wenig Licht auf seine Welt werfen, genauso wie jene Worte, falls er sie mit uns teilt, ein wenig Licht auf unsere Welt werfen werden. Wir sind Schwestern und Brüder des Papstes. Wir haben den gleichen Vater, der unser Herr ist.

Wir beten auch für alle Bischöfe der Kirche von Haiti. Wir lieben sie, und wir können sie nicht belügen. Wir bitten sie aber, auch uns nicht zu belügen.

Wir beten auch für die Priester Jean-Marie Vincent, William Smarth, Antoine Adrien.[11] Der Herr allein weiß, warum er uns half, wie durch ein Wunder zu entkommen.

Wir beten auch für alle Schwestern, besonders für Schwester Roselaine, die an jenem Tag bei uns war. Und wir vergessen ebenfalls nicht alle anderen, die mit uns waren, auch wenn wir sie nicht namentlich nennen. Und wir bitten den Herrn, die Bischöfe Romélus, Poulard und Lafontant zu segnen.

Jesus, wenn wir dahin arbeiten, unsere Feinde zu lieben, wie könnten wir dann die Bischöfe hassen? Wir lieben sie. Aber wir lieben es, die Wahrheit zu sagen. Wir lieben nicht alles, was die Bischöfe tun. Wir können ihnen nicht zujubeln, außer wir lieben, was sie tun. Wir können nicht lügen beim Beten.

Wir beten zu dir, daß die Volkskirche, trotz aller Belastung, einen Weg aus der Mutlosigkeit findet. Wir bitten, daß die Volkskirche, wenn sie entmutigt wird –, daß wir dann einen Weg finden, unseren Lebensmut zurückzugewinnen, ohne die Richtung zu verlieren. Beugen wir unsere Häupter!

Zum Gericht bin ich in diese Welt gekommen, um zu unterscheiden, um zu trennen. Das sagt Jesus. Um eine wirkliche Einheit zu schaffen, trennt Jesus jene, die die Wahrheit annehmen, von jenen, die sie verweigern. Die Pharisäer verweigerten die Wahrheit, und darum stellte sie Jesus auf die Seite. Es ist die gleiche Macht des Evangeliums, die uns so sprechen läßt, wie wir sprechen, und die uns tun läßt, was wir tun. Es war der Wille Jesu, alle seine Kinder zu versammeln in Einheit und Wahrheit; und der Wille der Volkskirche ist es, die gleiche Einheit zu schaffen – nicht die Einigkeit in Unwahrheit, sondern die Einigkeit in der Wahrheit. Dann werden wir imstande sein, Jesus anzubeten, der uns hilft, die Einigkeit in der Wahrheit aufzubauen; der uns hilft beim Bau der Kirche jener, die die Wahrheit lieben.

Amen.

---

11 Das waren die anderen Priester, die mit P. Aristide im Jahre zuvor mitgefahren waren, als ihr Wagen bei Freycineau in einen Hinterhalt geriet.

«Wir sind von weither gekommen»

Botschaft am Radio Soleil (September 1988)

Diese Botschaft wurde von *Radio Soleil* ausgestrahlt, drei Wochen nachdem P.Aristides Pfarrkirche eingeäschert und Dutzende von Gläubigen niedergemetzelt worden waren (11. September 1988). Es war das Werk von Männern gewesen, die im Sold von Franck Romain, dem Bürgermeister von Port-au-Prince, gestanden haben sollen, sowie von einem Teil der Armee, die vom damaligen Präsidenten, General Namphy, befehligt wurde. Eine Woche später, am 17. September, wurde dieser von General Prosper Avril gestürzt; der Putsch war anscheinend von fortschrittlichen Unteroffizieren organisiert worden, die über das Massaker in der Kirche und die mutmaßliche Mittäterschaft General Namphys empört waren.
Am Tag vor der Ausstrahlung dieser Botschaft hatte man P. Aristide – fälschlicherweise, wie sich herausstellte – mitgeteilt, daß seine Kirche trotz aller gegenteiligen Gerüchte wieder aufgebaut und ihm erlaubt werden solle, weiterhin in der Pfarrei St. Jean-Bosco zu verbleiben.
(Das kreolische Wort *netwayaj* mit der Bedeutung «Säuberung» meint die Volksbewegung gegen die Korruption, die sich nach Avrils Staatsstreich ausbreitete.)

Schwestern und Brüder,
Tapfere Jugend von Haiti,
Eltern und Freunde der Opfer des Massenmordes in der Kirche von Don Bosco,
ich grüße Euch und danke Euch von Herzen.
Ich verneige mich tief vor Eurem Mut und grüße Euch mit aller Hochachtung.
Ehre und Achtung gebührt Euch allen,
den Freunden hier und den Freunden im Ausland,
den tapferen Christen und den fortschrittlichen Wodugläubigen,
den Kameraden, die an Gott glauben und jenen, die es nicht tun.
Ehre und Achtung gebührt Euch.

Hochachtung für die Haltung des Mitgefühls,
die es mir erlaubt hat, meinen Auftrag fortzusetzen
und inmitten des Volkes zu wirken.
Die Botschaften, die gewöhnlich aus Rom kommen, fordern meinen Weggang.
Die letzte hingegen gestand mir zu, hier bei Euch zu bleiben.
Wie lange noch? Das weiß niemand.

Ich bin bereit, dem Herrn wie auch dem Provinzial der Salesianer und dem Volk Gottes von ganzem Herzen zu gehorchen. Diese Bereitschaft ergibt sich aus dem Geist der Liebe, der das gegenseitige Verhältnis zwischen mir und dem Provinzial der Salesianer immer beseelt hat. Wir waren stets eins in der Hand Gottes, eins inmitten der Jugend Haitis, eins in der Kirche der Armen hier in Haiti.
Wie wunderbar ist es, wenn wir einander lieben!
Weil Jesus die Armen liebte, gab er sein Leben für sie hin.
Weil die Opfer des Massenmordes bei der Kirche St. Jean-Bosco von Liebe überströmten, starben sie wie Jesus für die Befreiung unserer Nation.
Ja, die Bibel hat recht, wenn sie sagt:
«Du sollst Deinen Nächsten lieben wie dich selbst!» (Lev 19,18).
Und es gibt keinen größeren Beweis der Liebe als die Bereitschaft,
sein Leben hinzugeben für jemanden, den man liebt. (Vgl. Joh 3,16).
In meinem Gebet fahre ich fort,
vor dem Mut all dieser Opfer zu knien.
Sie leben weiter in meinem Herzen,
in meinem Blut und in meinen Gedanken.

Am Sonntag, dem elften September,
stiegen unsere Gebete zum Himmel.
Sieben Tage danach stieg die Gnade auf uns herab.
Am Sonntag, dem achtzehnten, erschien die Gnade
wie das Licht am Ostermorgen.
Es war Gottes Werk, denn Gott ist Licht (Vgl. Joh 1,5).
Sein Licht strahlte auf, und die Säuberung begann.
Die Sonne erstrahlte und schien auf die tapferen Soldaten,
die sich bei dieser Säuberungsaktion wirklich einsetzten;

die tapferen Soldaten,
die ich heute ehrfurchtsvoll grüße.

Während der Karfreitagsliturgie des letzten Jahres wusch ich die Füße eines Soldaten, um daran zu erinnern, daß es die Aufgabe des Militärs ist, sich vor dem Volk zu verbeugen und die Füße des Volkes zu waschen, und nicht seine Füße im Blut des Volkes zu waschen.
Heute aber möchte ich lieber die Füße aller tapferen und patriotischen Soldaten küssen, die sich entschlossen haben, auf der Seite des Volkes zu stehen und mit der Säuberung weiterzumachen, bis wir den Tisch der Privilegien und der Korruption, an dem die Elite praßt, umgestoßen haben.
Das Licht verbreitet sich und hilft mir, die Worte Jesu bei Joh 15,6 immer besser zu verstehen. Jesus sagt da: «Wer nicht in mir bleibt, wird wie Rebzweige abgehauen und weggeworfen, und er verdorrt; man sammelt sie ein, wirft sie ins Feuer und sie verbrennen.»
Ich wiederhole: Das steht bei Joh 15,6!
Ich wiederhole nochmals: Joh 15,6!
Das nennt man eine evangelische Säuberungsarbeit, eine prophetische Säuberung, die weitergehen muß, wo, wann und auf welche Weise es auch immer nötig ist, sie weiterzuführen.
Wo sollte diese Säuberung weitergehen?
Überall, an allen vier Ecken unseres Landes.
Wie soll sie durchgeführt werden?
Sanft oder mit den Waffen der Volksmilizen?
Oder ohne Mißbrauch und Ungerechtigkeiten?
Wann soll sie geschehen? Bald, bald – und ohne Überstürzung.
Schnell, schnell – und ohne Unordnung.

Mein Volk,
– glaubst du wirklich, daß Fort Dimanche[1] nicht vor dem 17.

---

1 Fort Dimanche ist das Gefängnis, das durch die Duvaliers traurige Berühmtheit erlangte. Zu ihrer Zeit war es in erster Linie als Strafanstalt für politische Gefangene bekannt. Es war berüchtigt wegen der totalen Vernachlässigung der Gefangenen. Viele von ihnen verhungerten darin. Es war ferner berüchtigt wegen der willkürlichen Exekutionen, der Folterkammern und der Massengräber. Nach dem Sturz von Jean-Claude Duvalier im Jahre 1986 entstand eine Bewegung, Fort Dimanche als Gefängnis zu schließen und es in eine Gedenkstätte für die ermordeten politischen Gefangenen umzuwandeln. Vier Jahre später wurde es endlich geschlossen.

Oktober gereinigt werden kann, auf den Tag genau einen Monat nach dem siebzehnten September, dem Tag Dessalins?[2]

– Glaubst du, Franck Romain könne nicht vor dem 17. Oktober vor das Volk von La Saline[3] gebracht werden, damit er nach dem Gesetz vom Volk gerichtet werden kann?

– Glaubst du, man finde keine Zeit, noch vor dem 17. Oktober die gedungenen Attachés[4], die sich mit ihren Waffen versteckt haben, ausfindig zu machen, zu verhaften und in außergewöhnlichen Gerichtsverfahren zu richten, alle Verbrecher, die blutgetränkt sind von den Massakern in Fort Dimanche, Jean-Rabel, Danty, Ruelle Vaillant, Labadie, Don Bosco und von den Morden an Louis-Eugène Athis, Yves Volel, Joseph Lafontant[5] und allen andern?

– Glaubst du nicht, daß man die von der Regierung geführten Fernseh- und Radiostationen noch vor dem 17. Oktober säubern kann?

– Glaubst du nicht, daß vor dem 17. Oktober den Schülern und Universitätsstudenten etwas von der Gerechtigkeit zuteil werden

---

2 Jean-Jacques Dessalines war ein Anführer der Revolution, die Haiti 1804 die Unabhängigkeit erkämpfte. Er wird als einer der Gründerväter des Landes betrachtet.

3 La Saline ist eines der größten Armenviertel von Port-au-Prince. Es zieht sich an der Straße am Meer hin bis zur Grand-Rue, der Hauptstraße der Kapitale. P. Aristides Kirche St. Jean-Bosco lag am äußeren Rand von La Saline.

4 *Attachés* waren Männer in Zivilkleidung, oft frühere Mitglieder der Tontons Macoutes, die durch verschiedene Einheiten der Armee rekrutiert und bewaffnet wurden für paramilitärische Arbeit, oft in Todesschwadronen.

5 Am 20. April 1986 fand vor dem Gefängnis Fort Dimanche ein Massaker an Demonstranten statt. Niemand wurde im Zusammenhang mit diesem Verbrechen verhaftet. Am 23. Juli 1987 wurden bei der nordwestlichen Stadt Jean-Rabel über 200 Bauern niedergemetzelt, die für die Landreform demonstrierten. Niemand wurde verhaftet. In Danty und Labadie wurden Mitglieder von Jugendgruppen durch Angehörige der Landpolizei erschossen. Niemand wurde je im Zusammenhang mit diesem Angriff verhaftet. Am 29. November 1987 wurden über 17 Wählerinnen und Wähler bei einem Angriff auf ein Wahllokal in der Ruelle Vaillant in der Hauptstadt niedergemacht. Innert einer Stunde wurden die Wahlen – die ersten seit dreißig Jahren – abgesagt. Vor diesem blutigen Wahltag wurden zwei prominente und aussichtsreiche Präsidentschaftskandidaten, Athis und Volel, ermordet durch Elemente, die mit General Namphys Militärregierung liiert waren. Es erfolgte keine einzige Verhaftung. Im Juli 1988 wurde der Anwalt und Menschenrechtler Joseph Lafontant ermordet. Seine Leiche wurde in der Nähe des Flugplatzes auf die Straße geworfen. Niemand wurde verhaftet...

kann, die sie ja verdienen, nachdem sie so viele Schläge einstecken mußten?
– Glaubst du nicht, daß vor dem 17. Oktober die giftige Müllhalde in Gonaïves, die giftigen Macoutes, welche die Landbezirke beherrschen, und all die giftspeienden Sheriffs, Magistraten und Richter sowie all die giftigen Abfallhaufen des Staatsapparates verschwinden können, so daß sie gar nie mehr wiederauftauchen?

Herr General und Präsident, jetzt sind Sie an der Reihe.
Viele tapfere Soldaten mußten daran glauben.
Manch ein Minister des Duvalier-Regimes hat das Spiel verloren.
Jetzt sind Sie an der Reihe vor dem Volk,
das kein Vertrauen in Sie hat.
Jetzt sind Sie an der Reihe vor dem Volk,
das alle großen Duvalieristen als Kriminelle betrachtet,
außer sie beweisen das Gegenteil – für ihr ganzes Leben!

Sergeant Hebreux[6], und alle meine haitianischen Brüder, die den Grundstock der Armee bilden – erlaubt mir, euch an folgendes zu erinnern:
1) Der 17. Oktober ist nicht mehr weit.
2) Die entlassenen Offiziere des Duvalier-Regimes lauern an den Wegkreuzungen auf die gewöhnlichen Soldaten, um mit gezücktem Schwert bis zum Tod zu kämpfen.
3) Die Regierung der Vereinigten Staaten und ihre Hampelmänner unter der haitianischen Elite hecken bereits Pläne aus. Sie wollen die Macoutes in die Armee einschleusen, Soldaten bestechen, Korruption säen, Spaltungen verursachen und die Zahl der Spione vermehren.
4) Unsere Soldaten und das haitianische Volk müssen eine große und solide Kette bilden, damit kein Boß oder Führer uns in eine neue Diktatur hineinzwingen kann. Eine solide Organisation unter

6 Sergeant Joseph Hebreux, zur Zeit des Staatsstreiches von General Avril als einer der hauptsächlichen progressiven subalternen Offiziere und Anführer bei der Machtübernahme angesehen, entpuppte sich später als Lakai Avrils. Gegen Ende der Herrschaft des Generals zeigte er sich widerspenstig und erhielt deshalb eine Aufgabe außerhalb des Präsidentenpalastes.

der Palastgarde, der Garde der Kaserne Dessalines, der Garde des Hauptquartiers und der Garde der Leoparden-Einheit muß wachsen wie die Hörner eines wütenden Stiers. Sobald der Stier seine eigene Stärke erkennt, kann ihm niemand das Joch der Sklaverei wieder auflegen.
5) Wenn die Offiziere des Duvalier-Regimes und die zwei oder drei Macoutes, die gewaltsam abgesetzt worden sind, sowie alle die anderen, die noch abgesetzt werden sollten: wenn diese nicht vor das Volksgericht gestellt werden, dann haben wir allen Grund, uns April-Narren zu nennen[7]! Die Trommeln rufen zu den Wahlen, und zu was für Wahlen! Wenn sie nicht vor Gericht gestellt werden, so werden viele der Verbrecher mit noch teuflischeren Ideen zu den Abstimmungslokalen zurückkehren, um das Blut des Volkes zu trinken, um zu töten, zu brandschatzen, in die Radiostationen hineinzuschießen, auf Pfarrhäuser zu feuern, auf Priester und Laien Jagd zu machen und die Volksorganisationen zu verfolgen.

Brüder und Schwestern, ich bete zu Gott, daß unser Blick im Lichte des Heiligen Geistes unbeirrbar bleibe und daß wir nicht alles für Gold halten, was glänzt!
Ich bin hier, um hinauszuschreien und Euch daran zu erinnern:
Wir sind von weither gekommen,
um an ein weit entferntes Ziel zu gelangen.
Wir haben den Abgrund des Todes verlassen,
um auf den Gipfel des Lebens zu steigen.
Sind wir schon dort?
Nein.
Wollen wir dorthin gelangen?
Ja!
Können wir überhaupt dorthin?
Ja.

---

7 Auf kreolisch *pwason davril*. Wörtlich bedeutet dies «Aprilfisch». Weil das französische und kreolische Wort für April *avril* lauten, wie auch der Nachname von General Prosper Avril, wurde der Ausdruck *pwason davril* – zusammen mit der Nebenbedeutung von «Narr», «in den April schicken» oder «genarrt werden» – allgemein auf der Straße als Scherzwort gebraucht, wenn man zum Ausdruck bringen wollte, daß die Leute durch Präsident Avril betrogen worden waren.

Wir kommen von weither, um ein fernes Ziel zu erreichen.
Wenn wir dort ankommen,
werden wir den Willen des Volkes einpflanzen.
Der Wille des Volkes ist der Wille Gottes.
Wir kommen von weither, um ein fernes Ziel zu erreichen.
Wenn wir am Ziel ankommen, werden wir uns organisieren,
so daß wir nicht mehr im Finstern versuchen,
Nadeln einzufädeln, die kein Öhr haben!
Ja, wir kommen von weither, um ein noch fernes Ziel zu erreichen.
Wenn wir an jenem entfernten Ziel ankommen,
werden wir eine Revolution gemacht haben,
die den Namen verdient.
Wir haben dann den Tisch der Privilegien umgestürzt,
damit auch wir dort sitzen und essen dürfen.
Wir sind von weither gekommen, um ein fernes Ziel zu erreichen.
Wir sind entschlossen, dorthin zu gelangen.
Wir sind fähig, dorthin zu gelangen.
Wir werden dorthin gelangen – im Namen Jesu,
der uns geholfen hat, diese große Distanz zu überwinden
und an ein rechtmäßiges Ziel zu kommen.
Amen.

Laßt uns die Lawine losbrechen

Radio Haiti-Inter (November 1988)

Diese Botschaft wurde im November 1988 von Radio Haiti-Inter ausgestrahlt, zwei Monate nachdem General Avril durch den Putsch gegen General Namphy an die Macht gekommen war. Avrils Putsch wurde dem haitianischen Volk so vorgestellt, als sei er von einer Gruppe progressiver Offiziere ausgegangen, die mit der Einäscherung und Plünderung von Aristides Kirche eine Woche vorher nicht einverstanden waren. Aber eben, die Verheißung des Septemberputsches wurde nie verwirklicht. Obwohl viele junge Militärs wünschten, daß General Avril eine konstitutionelle Regierung einsetzte, verhärtete er statt dessen seine Linie und verhaftete oder entließ schließlich die Leute, die ihn an die Macht befördert hatten.

Am Tag, als diese Botschaft ausgestrahlt wurde, rief die größte Arbeitergewerkschaft einen Generalstreik aus, der auch befolgt wurde, dies obwohl Avril verkündet hatte, ein solcher Streik sei verfassungswidrig und illegal.

Unterdessen wurde der Faden immer dünner, der Aristide an seinen Orden, die Salesianer, band. Mit der Zustimmung der Bischöfe von Haiti war der Orden bereit, ihn auszuschließen. Als erstes forderten sie ihn auf, Haiti zu verlassen. Eine Woche nach der Ausstrahlung dieser Botschaft besetzten 10 000 Menschen die Straßen, um die Abreise von P. Aristide zu verhindern. Jeder Zugang zum Flughafen war gesperrt. Aristide blieb im Land. Drei Wochen später wurde er offiziell aus dem Salesianerorden ausgeschlossen.

An meine Schwestern, an meine Brüder,
an all meine Brüder und Schwestern im guten Gott,
die mit uns zusammen ihre Stimme erheben,
an die heroische Jugend von Haiti,
an die Bauern – ob Katholiken, Protestanten oder Wodugläubige –
an die tapferen Haitianer im Ausland,
an die mutigen Haitianer hier im Land
und an euch alle, die ihr eben

einen legalen Generalstreik durchgeführt habt
trotz den Erklärungen eines illegalen Generals:
Hut ab vor euch, Glückwünsche zu eurem Mut.

Mutig seid ihr aufgestanden und habt geredet.
Mutig seid ihr aufgestanden und habt nicht nachgegeben.
Ich sehe dies alles.
Ich sehe, wie ihr für den Herrn redet.
Ich höre die Stimme des Herrn in eurer Stimme.
Ich beobachte, wie ihr euch erhebt hier und im Ausland,
so daß ich mit euch hier in Haiti bleiben darf
und zusammen mit euch, die ihr im Ausland weilt.
Eine herrliche Eingebung vom Heiligen Geist!
Eine herrliche Erklärung von Bruderliebe, eine Erklärung,
die mich einlädt, euch in die Augen zu schauen,
meine Brüder und Schwestern,
um euch zu sagen, was Jesus euch wohl gesagt hätte
in seiner Sprache:
Ani ohev otha, ani ohev ota'kh.
Ich liebe euch

Ihr, die ihr euch gegen mich verschworen habt,
ihr, die ihr euch gegen das haitianische Volk verschworen habt:
Bischof Paolo Romeo, Bischof Gayot, Bischof Ligondé,
Bischof Kébreau und der Rest –
Laßt mich in eure Augen schauen!
Bitte, schämt euch nicht,
Schaut mir in die Augen!
Ich bin gekommen, um euch zu sagen: Ich liebe auch euch.
Weil ich euch liebe, muß ich euch die Wahrheit sagen.
Wahrheit und Liebe sind dasselbe.
Wahrheit und Liebe sind Jesus inmitten der Armen.

Was für ein Glück für die Kirche der Armen,
sie ist reich, dank den Armen, in einem Land,
das arm ist wegen der Reichen.
Die Kirche ist reich dank uns, den Armen,
die ohne Unterlaß nach der Wahrheit verlangen aus jedem Winkel.

Was für ein Glück für die Kirche von Haiti,
Sie ist reich, dank den Armen, in einem Land,
das arm ist wegen den Reichen.
Die Kirche ist reich wegen uns, den Armen,
Wir haben gewisse Bischöfe gebremst
(versteckt hinter den begangenen Sünden)
wenn sie versuchten, uns Lügen aufzutischen,
sich zu verschwören
und Schweigen bewahren.

Was für ein Glück für die Kirche von Haiti,
reich, dank den Armen,
in einem Land, das arm ist wegen den Reichen.
Die Kirche ist reich, dank uns, den Armen,
die wir Teil eines einzigen Leibes sein wollen,
Um zu vermeiden, daß wir nur
aus einem riesigen Kopf-Monolithen bestehen
– ohne Körper dazu.

Allein sind wir schwach.
Zusammen sind wir stark.
Zusammen sind wir eine Lawine!
Laßt die Flut herunterströmen,
die Flut der armen Bauern und armen Soldaten,
die Flut der armen Arbeiter und der armen Kämpfer,
der armen Arbeiter und der armen Kämpfer,
die Flut all unserer armen Freunde und all der armen Kämpfer.
Und der Kirche der Armen, die wir Kinder Gottes nennen!
Laß die Flut herunterströmen,
dann wird Gott herabsteigen und die Mächtigen stürzen
und die Niedrigen erheben
und sie an den obersten Platz setzen. (Lk 1,52)

Um vor der Flut der herunterströmenden Gotteskinder zu warnen,
haben sich die Imperialisten in der Soutane verschworen
mit den Imperialisten von Amerika.
Deshalb müssen wir Haitianer einander zurufen,
was Jesus verkündet hat (Mk 2,11):

Steh auf! Geh jetzt! Schreite voran!
Ja, steh auf gehe vorwärts, schreite voran!
Steh auf und gehe vorwärts,
so daß die Tontons Macoutes aufhören,
auf blutgetränkten Wegen zu gehen.
Steh auf und geh vorwärts, so daß die Verbrecher aufhören,
über uns hinwegzuschreiten.
Steh auf und geh vorwärts, so daß die Mörder aufhören,
uns mit Gewehrsalven aus dem Schlaf zu reißen.
Zu viel Blut ist vergossen worden!
Zu viel Unschuldige sind gefallen!
Das ist zu viel für uns!

General Avril, du hast gesagt: Haiti ist entwürdigt.
Und dann? Und dann – nichts!
Du hast gesagt, du wollest den verruchten Kerker schließen,
das Fort Dimanche.
Und dann? Und dann – nichts!
Die Leute sind hungrig. Das Elend wohnt in ihren Knochen.
Deine Waffen sind gegen sie gerichtet.
Wartet! sagst du zum Volk . . .
Die Arbeiter sind in Sorge. Die Schulen zerfallen.
Die Universitäten liegen in Trümmern.
Wartet! sagst du.
Die Situation der Landbevölkerung ist ausweglos.
Dennoch – den Beamten auf dem Land geht es recht gut.
Wartet doch ein wenig! sagst du zum Volk.
Warum seid ihr alle derart in Eile? fragst du sie.
Die Kirche von St. Jean-Bosco brannte bis auf den Grund.
Franck Romain streift umher.
Mister Avril unterstützt ihn.
Wartet! sagt er zum Volk.
Der kleine Boß steht an der Kasse des großen Bosses.
Der große Boß steht an der Kasse der Amerikaner.
Ah, ah, ah . . . wartet ein wenig! sagst du zu uns.
Ich versuche, diesen Wagen anzuhalten, sagt General Avril.
Ich versuche, ihn zum Stillstand zu bringen.
Und dann kommt ihr alle daher

und steckt eure Hände in den Motor.
Ihr werdet euch schaden, sagt er uns.
Sitzt doch einmal ab und wartet! sagt Avril.
Sklaverei in der Armee.
Sklaverei in der Dominikanischen Republik.[1]
Zu schlimm! sagst du zum Volk.
Nur ein bißchen warten...

Ein Staatsstreich. Ein zweiter Staatsstreich.
Ein General geht. Ein anderer nimmt seinen Platz ein.
Und dann? Und dann – nichts!
Warten?
Bis wann?
Bis die Kühe heimkommen
und die Schweine die Flucht ergreifen.

General Avril,
Der Gerichtshof des Volkes hat recht:
Deine Regierung ist schuldig und machtlos.
Du bist schuldig,
weil du den brutalen Tontons Macoutes erlaubt hast,
wild herumzurennen
ohne ein Band der Gerechtigkeit um ihren Hals.
Du bist schuldig,
weil du dich geweigert hast, das Band der Gerechtigkeit
um den Hals von Franck Romain
und von den anderen Leuten zu binden,
die ein Massaker angerichtet haben.
Du bist schuldig, weil du die Soldaten verrätst,
die dich an die Macht gebracht haben;
und weil du vaterlandstreue Soldaten entläßt,
weil du korrupte Soldaten beschützest.
Du bist schuldig, weil du, bevor Gerechtigkeit geschehen ist,
das Volk mit Scheinwahlen in den Untergang schickst,
bloß um die amerikanische Regierung zufrieden zu stellen!

---

1 Ein Hinweis auf Tausende von Haitianern, die jedes Jahr in der benachbarten Dominikanischen Republik Zuckerrohr schnitten.

Du bist schuldig, weil du das Spiel von François Duvalier spielst.
Du bist ohnmächtig, denn deine Regierung erhält:
– null Punkte für Gerechtigkeit,
– null Punkte für öffentliche Sicherheit,
– nur einen einzigen Punkt für gründliche Reinigung,
denn du bist Namphy losgeworden.

General Avril,
kannst Du nicht sehen, daß der Zug,
den Namphy zum Entgleisen gebracht hat,
mit dir noch schneller aus den Schienen springen wird,
wenn du vor dem 29. November[2] nicht folgendes tust:
– die vaterlandstreuen Soldaten befreien,
– die Macoutes einsperren,
– Franck Romain ausschließen,
– die Korruption bekämpfen,
– die Unsicherheit auf den Straßen beenden!
Die Sache liegt in deinen Händen.
Das Volk will sein Schicksal selber schreiben.
Der Segen Gottes liegt auf ihm.
So wird Gnade herabsteigen, bis die Flut mitreißt
alle Duvalieristen,
alle Macoutes,
alle Kriminellen
für alle Zeit und immer.
Amen.

---

2 Der Jahrestag des Wahltagsmassakers von 1987.

Anhang

Haiti: Daten zur politischen Entwicklung

1492	Kolumbus landet im Nordwesten der Insel, die er Hispaniola nennt (heute: Haiti und Dominikanische Republik)
1499	Ankunft der ersten schwarzen Sklaven
1697	Spanien tritt den Westteil der Insel Hispaniola an Frankreich ab
ab 1791	Sklavenaufstände unter der Führung von Toussaint-Louverture
1804	Proklamation der unabhängigen Republik Haiti (unter Rückgriff auf den indianischen Namen der Insel; zuvor hieß sie Saint-Domingue)
1915–1934	Besetzung durch die USA
1950–1956	Präsidentschaft von Paul Magloire; er wird nach Ablauf der Amtszeit durch einen Generalstreik zum Rücktritt gezwungen
1957–1971	Präsidentschaft von Dr. François Duvalier; Institutionalisierung eines totalitären und autokratischen Regimes
1971	Jean-Claude Duvalier wird neuer «Präsident auf Lebenszeit»

1980, Oktober	Verschärfung der Repression; Protest der *Conférence Haïtienne des Religieux* gegen Verhaftungen und Ausweisungen
1983, 9. März	Papst Johannes Paul II. besucht Haiti; er fordert einen politischen und sozialen Wandel in der haitianischen Gesellschaft
1984	Die Armee unterdrückt Hungerrevolten
1986, 7. Februar	Jean-Claude Duvalier verläßt auf Druck der USA, die eine politische Radikalisierung der Oppositionsbewegung befürchten, das Land
1986–1988	Übergangsregierung unter General Henri Namphy
1988, 7. Februar	Beginn der Präsidentschaft von Leslie Manigat; an den Wahlen war es zu massiver Stimmenthaltung und zum Boykott von seiten der wichtigsten Parteien gekommen; Sturz von Manigat durch General Namphy am 19. Juni
1988, 19. Juni	Militärregierung unter Namphy, der seinerseits durch untere Chargen der Armee am 17. September gestürzt wird
1988–1990	Militärregierung unter Prosper Avril, der unter Duvalier Chef der Präsidentengarde war
1990, März	Nach mehrtägigen Massenprotesten wird die Militärregierung unter Avril zum Rücktritt gezwungen; Bildung einer zivilen Übergangsregierung unter der Richterin Ertha Pascal-Trouillot
1990, 16. Dezember	Aus den ersten freien Wahlen geht Jean-Bertrand Aristide mit 67,7 Prozent der Stimmen als überragender Sieger hervor

1991, 6. Januar	Putschversuch von Roger Lafontant, Innenminister unter Jean-Claude Duvalier; der Putsch scheitert am Widerstand der Bevölkerung
1991, 7. Februar	Amtsantritt von Jean-Bertrand Aristide
1991, 30. September	Militärputsch gegen Aristide; innerhalb weniger Tage werden in einer beispiellosen Terrorwelle mehr als 1000 Menschen umgebracht

Beat Dietschy

IST UNSER GOTT AUCH EUER GOTT?

Gespräche über Kolonialismus und Befreiung

EDITION EXODUS

Edition Exodus 1992; ca. 180 Seiten, ca. DM 29,— / sFr. 26,—

Fernando Mires

IM NAMEN DES KREUZES

Der Genozid an den Indianern während der spanischen Eroberung: theologische und politische Diskussionen

EDITION EXODUS

Edition Exodus 1989; 253 Seiten, DM 38,80/sFr. 36,80

Fernando Mires

DIE KOLONISIERUNG DER SEELEN

Mission und Konquista in Spanisch-Amerika

EDITION EXODUS

Edition Exodus 1991; 261 Seiten, DM 39,80 / sFr. 37,—